「ひと」BOOKS

はじまりをたどる「歴史」の授業

千葉保

太郎次郎社エディタス

「知」の年輪を育てよう

◉いま、学校に若い教師が増えてきました。団塊の世代が退職期を迎えて、世代交代が進みつつあります。さらに安上がりな教育行政の影響で、臨時的任用や非常勤採用などの非正規雇用の教師も大幅に増えています。

◉また教師たちには、計画書や報告書の作成などのいわゆる雑務が増加し、教材研究の時間や、子どもとふれあう時間も十分確保できない状況が現出しています。そのうえ学校には職階性がもちこまれ、強化されました。その結果、先生たちの連帯の力が削がれ、授業づくりにおたがいの知恵をだしあう同僚性も失われてきています。

◉また、文部科学省は、全国統一テストによる各県の順位を公表しました。その影響で、多くの県で順位を上げろという声が強まりました。その後、統一テストが任意参加になったにもかかわらず、参加表明する市町村があいついでいます。教師たちは、成績を上げるよう努力をさらに求められ、いままで以上に暗記と習熟に専念するよう、駆りたてられてもいます。

◉一方、子どもたちには「ゆとり教育」の反動から、学習時間の増加が図られ、学校での生活も長時間になりました。

◉心ある教師が、東アジア型教育を乗り越えようと、対話を重視したグループでの学びあいに取り組む姿が、全国教育研究集会で報告されました。

しかし全国的には、黒板に向かっての暗記と習熟型の東アジア型教育が支配的で、そこからの脱皮には課題が山積しています。

◉いま子どもたちに必要なのは、受動的にあたえられたことを覚える「勉強」から脱して、知的好奇心をもって活動的な「学び」を実現することではないでしょうか。

◉『ひと』誌は、1973年の創刊から、学ぶ者の視座にたって教育を考えるオールタナティブな実践を生みだす努力を続けてきました。『ひと』誌に多くの先進的な授業実践者が集い、授業を発表してきました。
◉『ひと』誌は一貫して、学校や教育の閉塞にたいして、人間・社会・市民の常識にもとづいて新鮮な空気をおくりつづけてきました。
◉そこで蓄えた授業の知的エネルギーを、いまこそ、混迷を深める教師たちに、社会や市民にも、手渡す必要があると感じます。

◉『ひと』誌で活躍した教師たちの授業を「ひと」BOOKS・シリーズとして刊行し、子どもたちの学びをより豊かにしていくための一助となるようにしたいと考えています。

◉木々は寒さや暑さに耐え、年輪を刻みながら成長し、やがて巨木に育ちます。
◉教師も、子どもたちも、わくわくするような「知」の授業体験を積み重ねて、「知の年輪」を増やし、大きな巨木に育ってほしいと願っています。
◉このシリーズが、そのお役に立てることを祈念します。

「ひと」BOOKS編集委員会

はじめに

「社会科の授業は、覚えるだけでつまらない」
「歴史は暗記ばっかり」
　そんな子どもたちの嘆きが聞こえてきます。
　社会科はいつのまにか、“嫌いな教科”にランクインしてしまいました。
　受験のために点数を多くとらねばと、暗記中心の授業。
　覚えることに、消耗する日々。

　むなしさを感じるのは、教師も同じかもしれません。

　歴史の教科書は、叙述のみによって占められています。
　どのようにその歴史叙述が究明されてきたのかは、教科書に現れず、事実の羅列がえんえんとつづられています。
　そこに、子どもたちは単調さを感じ、気持ちが沈んでしまうのでしょう。
　教師も、伝えねばならぬ多くの項目に圧倒されてしまいます。

　歴史の楽しさをダイナミックに感じるには、どうしたらよいのでしょうか？

　歴史家の仕事場に焦点をあて、その作業を追体験すること。
　そこに活路がみえてくると思います。
　歴史家は、歴史の舞台の裏側に潜んでいる事実を、史料や文献などから掘りおこします。
　その歴史家の作業に限りなく近づくことを意識すれば、授業に変化がおき、子どもたちの心に化学反応をおこすことができるのではないでしょうか。

たとえば、ちょっと古いのですがインディ・ジョーンズの映画のように。歴史の謎を解くために、彼は対象を追いかけ、波瀾万丈の冒険をおこないました。

この映画は観客を熱狂させました。あのハラハラ・ドキドキを教室にもちこめたら——。子どもたちは歴史を学ぶ面白さを認識すると思うのです。

歴史家の作業に近づこうと授業したのが、この6本の授業です。

歴史の時代、時代に、当時の人びとが感じたこと、その風やにおいや臨場感を感じようと試みた授業です。

御成敗式目の追加法から当時の鎌倉のまちを感じたり、学校の特別教室から明治の教育に迫ったり、帝国議会の再現をとおして婦人参政権を考えたり、1枚の写真から長崎の被爆を追体験したり、庚申塔《こうしんとう》から江戸時代の農民の気持ちに迫ったり、南太平洋のヤップ島の石貨から地域通貨を考えたりした授業です。

この授業のなかで、子どもたちは小さな歴史家の顔になりました。

証拠からできるだけたくさんの情報をひきだし、仲間と対話しながら解釈し、推論をし、吟味していきました。

授業は、歴史家の仕事場のようでした。

これらの授業は、子どもから大人まで、さまざまな場面でおこないました。学校では小・中・高・大の、いろんな学年におこなったものです。もし、このような授業をしてみたいと思う人は、自分の担当学年などにあわせてアレンジしてみてください。

少しでもみなさんの授業のお役に立てれば幸いです。

千葉 保

はじまりをたどる「歴史」の授業 目次

「特別教室」の授業
——校舎が語る、知られざる学校の歴史

音楽室、理科室、家庭科室、図書室……。学校にはたくさんの特別教室があります。それらがどんな順番で、どんな理由からできたのかを調べていくと、学校の隠れた歴史がみえてきます。
明治の学制発布後、普通教室も不足していた日本の学校に、特別教室は、いつ、どんな要請があって設置されたのでしょうか。「特別教室」をテーマに授業をつくってみました。中学2年生とおこなった授業の記録です。

長野県松本市にある旧開智学校（明治9年竣工）
©663highland

1―日本の学校の幕開け

いまはいろいろある特別教室

最初に、現在、学校にある特別教室をあげてもらいました。

――学校には、どんな特別教室がありますか？　小学校の校舎を思い出してみましょう。

「おれ、音楽室が好きだった。昼休みによくドラムたたいたな」
「わたしは糸ノコ使って工作するのが、楽しみだった。図工室が好き」
「わたし、本が好きで、休み時間はいつも図書室にいたわ」
「ぼくは理科の授業がいちばん好きだった。理科室の薬品の匂いがたまらなくよかった」（笑）
「6年のときはよくパソコン教室で調べたよ。総合の時間がおもしろかった」
「調理実習では家庭科室でサンドイッチつくったな」
「わたしも家庭科室で、ミシンでエプロンづくりしたわ」
「視聴覚教室もあったな」

――みんなからでたのは、「音楽室」「図工室」「図書室」「理科室」「パソコン教室」「家庭科室」「視聴覚室」だね。では、きょうはそのなかの「音楽室」「図書室」「理科室」「家庭科室」の４つの特別教室をとりあげて、どの順番に、どんな理由でその教室ができたのか、考えていきましょう。

明治初めの校舎は西洋モダン

最初に、日本に学校ができた明治初めのようすを見ていきました。

写真＝裏辺研究所

——日本の学校制度は、明治５年から始まったのだけど、明治初めの学校はどんなようすだったのか、写真を見て考えましょう。

「わあ、かっこいい！」
「こんなにすてきだったの？」
「わたし、こんな校舎なら通いたい！」(笑)
「どこの学校ですか？」

——これは明治８年に長野県佐久市にできた中込《なかごみ》小学校(旧中込学校)です。いまも重要文化財として保存されています。

「白い校舎でいいなあ。わたしもこんな校舎で学びたい！」
「塔があって、ほんとうにかっこいいなあ」

「校舎の窓もしゃれてるよねえ」
「バルコニーがあってモダンだね」
「なぜ、塔があったの？」

——ここには太鼓がおかれて、勉強の開始や終わりを太鼓で知らせたんだよ。

「えっ、チャイムじゃなくて太鼓の音で知らせたの？」
「なんか、いいなあ」
「ロマンチックだね」
「むかしはどこの学校も、こんなにすてきだったの？」

——松本市に残っている開智《かいち》小学校や宮城県の登米《とよま》小学校など、各地にいまも残っているよ。

「明治政府が、こんなにすてきな学校をつくらせたの？」

——明治５年の学制発布当初、政府は、近代学校になることを象徴するような立派な建物をつくってほしいと期待したそうです。西洋式の教育をおこなうには西洋式の学校でなければならないとして、このような洋風建築の学校をつくりあげたんだね。

「外国人につくってもらったの？」
「きっとそうだよ。日本人にはまだ無理だったかも」

——設計施工者は多くがその地方の宮大工さんで、近代的学校ってよく知らなかったから、横浜など開港した場所にある洋風建築を見て、見よう見まねでとりいれて、それに和風のデザインも加えてつくりあげたそうです。

「すごいな。明治の人もがんばってたんだね」

「尊敬しちゃう」
「建築費は政府がだしたの？」

——政府はビター文もださず、すべて学区の人びとが、集金をしたり寄付を集めたりしてつくったそうです。月掛け集金帳や日掛け集金帳なども残っているそうです。

「えっ、政府は声かけだけ」
「地域の人ががんばって、お金だしたんだ」
「政府はずるいなあ」
「地域の人たちはえらいなあ」

——しかし、このような洋風建築は高価だったし、台風で太鼓楼が飛ばされて修繕費がかさむことなどから、政府はすぐに、学校建築は必要な機能のみを満たせばよいとして、安上がりで丈夫な和風の校舎を奨励するように変わっていきました。明治7年から12年ごろまでのわずか6年間が洋風校舎の最盛期で、その後は急激に少なくなっていったそうです。

「わあ、残念！」
「こんな校舎で勉強したかったなあ」

どの順序でできた?　音楽室、理科室、家庭科室、図書室

——では、この校舎の見取り図を見てみよう。どんな教室があるかな？　特別教室はいくつあるかな？

「図書室あるかな？」
「理科室はあるかもよ」

ここで校舎の配置図を配りました。

●旧中込学校平面図

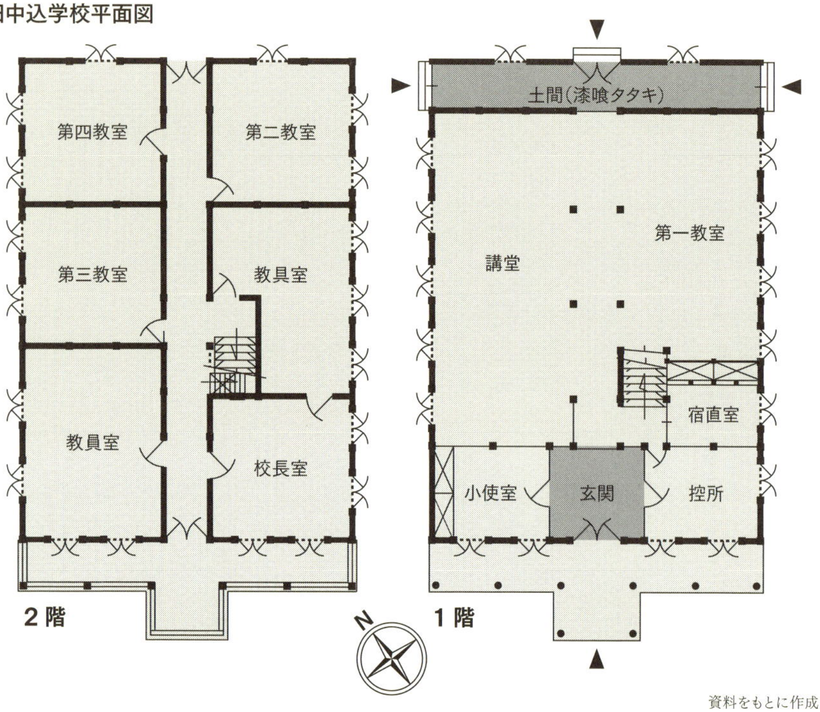

資料をもとに作成

「講堂がある」

「教員室と校長室も」

「小使室《こづかい》や宿直室もあるね」

「教室は4つしかないね」

「うん、特別教室はないなあ」

——明治の初めの学校には特別教室がなかったね。「音楽室」「理科室」「家庭科室」「図書室」が、どの順番で、どんな理由でできていったのか考えてみよう。グループで相談して、この4つに順番をつけて、つくった理由も考えてごらん。

「小学校の校舎で考えるの?」

――日本で初めにできた学校が小学校だから、小学校の校舎で考えよう。当時とは教室の呼び方が違っているものもあるかもしれないけど、教室の役割で、できた順番を考えよう。

　グループでの相談が始まりました。グループをのぞくと、こんな話し合いをしていました。

「わたしは、いちばん最初にできたのが図書室だと思う。子どもたちにいっぱい本を読ませて、賢くしたかったんじゃないかと思うけど」
「そうだな。ぼくもそう思えてきた」
「でも、日本で学校ができたのは明治の初めだろ。全国の学校にたくさん本をそろえるお金があったかな？」
「お金かあ、それも問題だよね」
「地域の人の寄付を、またもらったのかも」
「でも、地域の人は、校舎建築でお金をださせられてるよ」
「そうか、楽器は高いから、音楽室もあとのほうかな？」
「そうだよね。理科室もお金がかかりそうだな」
「お金で考えると、家庭科室かな？」
「家庭科室だって、ミシンなんか高いでしょ」
「でも、明治の初めにミシンなんてあった？」

「うーん……」と、生徒たちは考え込んでしまいました。

「お金だけで考えていいのかなあ」
「そうだよ。学校で何をいちばん勉強してほしいかを考えないといけないのでは？」
「その点で考えると、やっぱり図書室かなあ」
「明治政府もがんばって図書室をつくったと考えましょう」
「いちばん最初が、図書室！」

学制発布で、女子が学校に来なくなった?

こんな調子でグループで考えていきました。

その結果、各グループは、つぎのような順番を考えました。

	1班	2班	3班	4班	5班	6班
図書室	③	②	③	③	③	①
理科室	④	④	④	②	④	④
家庭科室	①	①	②	①	①	②
音楽室	②	③	①	④	②	③

――家庭科室がいちばん最初にできたと考えたグループが多いね。どんな理由かな?

「生活に直結してるし、役立つから、家庭科室が1番だと考えた」

「女の子に料理や裁縫を教えたと思うから、1番にした」

――政府は学制の制定にあって、「女子教育コソ第一義トス」と重要視して、女性解放を第一に考え、男と同じ教育を与えることを目標にしました。

「じゃ、料理や裁縫はだめかなあ」(笑)

「男女同権か。なかなかいいじゃん。政府もがんばってるね」

――勇んで出発した学校制度だけど、さて、どうなったか、明治6年の神奈川県の就学のようすを見てください。どんなことがわかる?

	学齢人口	就学生徒	教員
男	36,140人	17,921人	519人
女	32,857人	9,345人	7人
計	68,997人	27,266人	526人

「学齢人口の半分も就学してないね」
「男の子は半分が学校に行ってるけど、女の子は3分の1もいない」
「どうして、女の子は学校へ行く人が少なかったの？」

——そのころの女子教育というと、裁縫が主だったけど、男女平等として政府が裁縫科を認めなかったから、女子で学校にくる人が少なくなってしまったのです。

「このころの女子の教育って、裁縫だったの？」
「針で着物を縫うやつ？」
「数学なんかは勉強しないの？」

——ミシンはまだなくて、女子は針で着物が縫えれば一人前と思われていたんだ。

女子就学率を高めるための「裁縫室」

「でも、このまま女子がこないと困るね」
「あっ、裁縫を認めたのかな」
「わたしは政府の考えがいいと思う。男女平等だもの。女子には裁縫なんて、決めつけてほしくない」
「あっ、おまえ不器用だもんね」（笑）
「うるさい！」

——そんな状況だったので、女子の就学を増やすために政府の意図を無視して、

明治8年になると、裁縫科を設ける学校がでてきました。政府も民衆の強い要望に応えて、明治12年の「教育令」で裁縫科の設置を明文化して認めました。

「やっぱり認めたね」
「それで家庭科室をつくったんだね」

——当時は、裁縫は畳の上でやっていたので、畳敷の裁縫室を学校につくったのです。

「それで女子は、学校にくるようになったの？」
「親も、裁縫を教えてくれるから学校へ行け、っていったと思うな」
「先生、女子の人数、増えてるでしょ？」

——裁縫室ができて、女子の就学はだんだん増えていきました。でも、鎌倉の小学校をみると、卒業生の数の男女差がなくなるのは明治30年代になってからです。

小坂小学校尋常科の卒業生数（『鎌倉教育史』より）

	男	女
明治26年度	15	6
明治27年度	21	10
明治28年度	26	6
明治29年度	22	10
明治30年度	22	19
明治31年度	28	12
明治32年度	28	18
明治33年度	21	21
明治34年度	22	25
明治35年度	28	20
明治36年度	25	22

「ほんとだ。明治33年には卒業生が男女同数だ」
「裁縫室も効果があったんだね」

――そういうわけで、裁縫室が、最初にできた特別教室でした。いまでいうと、家庭科室になりますね。

「やったあ。当たってる」
「うちのグループもだよ」

――女子の就学率が高くなり、裁縫室がその役割を果たしおえると、畳敷を利用して、修身科の礼法を教える教室へと性格を変えていきました。

●明治時代の小学生（1897／明治30年）

毎日新聞社提供

2—世相を反映する学校の校舎

日清戦争後にできた「唱歌室」

——さて、2番目にできた特別教室はどこだろう？

「図書室だよ。本を読んで知識を得てほしいと、図書室をつくってるよ、ぜったい」
「わたしたちのグループも図書室だと思う」
「そうかな。理科室だよ」

——では、明治42年の文部省普通学務局「小学校建築四案」の図面を見てみよう。

「裁縫室、作法室があった」
「唱歌室というのもあるよ」
「手工室もあるけど、これって木工室？」
「昇降所や教員室が、男女わかれているよ。どうしてなの？」

——いろんな疑問がでてきたね。ここに『学校建築の冒険』（INAX）という本があります。このなかに、青木正夫さんが書いた「明治・大正・昭和小学校建築史」という論文があります。これを読むと、みんなの疑問がぜんぶ解けるよ。配るよ。では、読むね。

すでに明治八年頃から各県布達の小学校校則に掲げられ、教育令(明治一二年)には、「凡学校ニ於テハ男女教場ヲ同クスルコトヲ得ス」と明記されるに至っている。

男女区分を最も厳密に行なうには、男女別に学校を設けることであったが、大都市以外では就学率も低く学校を分けるまでに至らず、一学校内でブロックによって分けることが行なわれてきた。

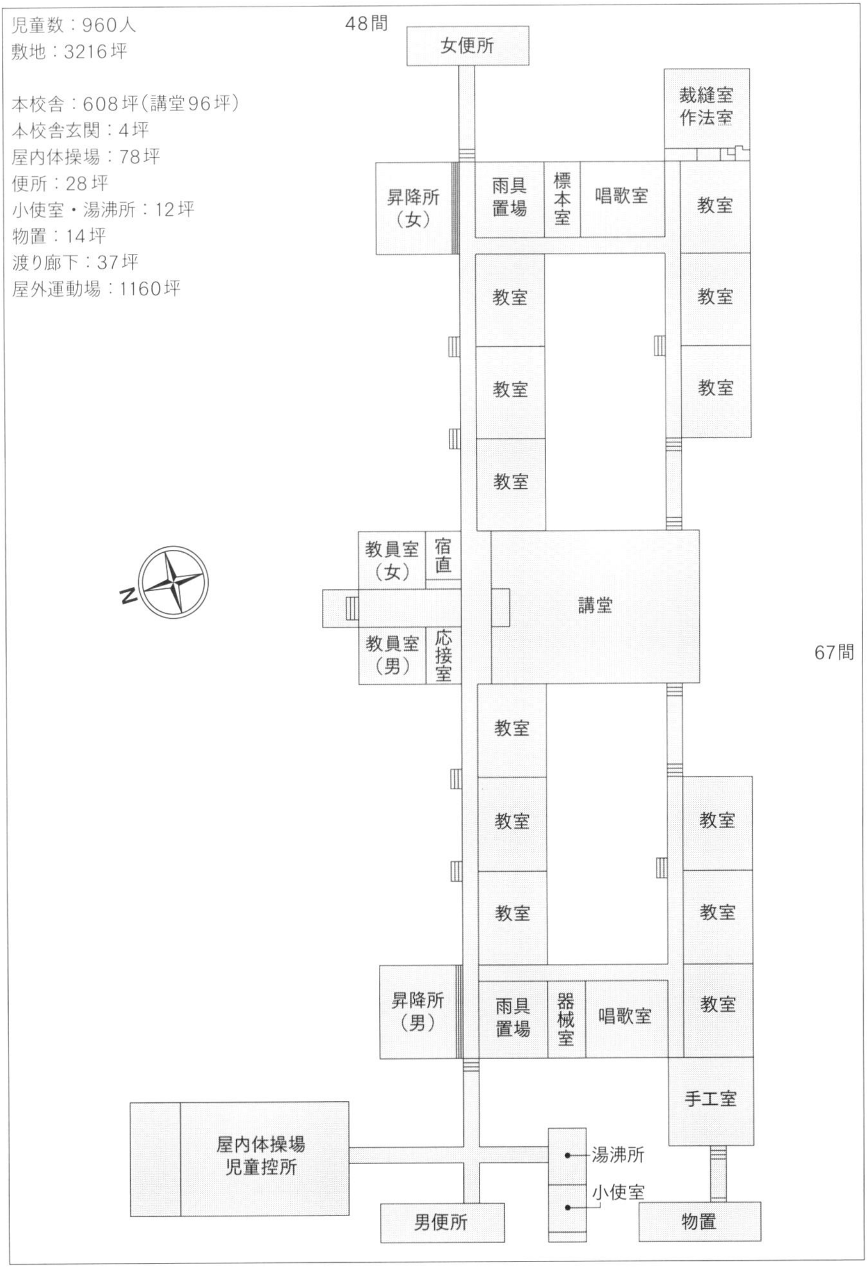

文部省普通学務局「小学校建築四案」（青木正夫「明治・大正・昭和小学校建築史」）をもとに作成

「あっ、男女が別々の教室に分かれていたんだ」
「それで昇降口も別々なのか」
「裁縫室は女子のほうにあったんだね」
「唱歌室は両方にあるよ」
「手工室は男のほうだ」
「うん。だんだんわかってきたぞ」
「唱歌室と手工室は、どっちが先にできたの？」

――では、そこに関係したところを読むね。プリントを見てね。

唱歌教室は、明治四〇年の「小学校令」によって必須科になる以前から、唱歌科を課した学校では設けられていた。現在の設置理由と同じように音楽器具が高価であり、それを共通に使うためと、その授業が他の教室の授業を音によって妨害しないためであった。

設置が見られるようになるのは、音楽を教えうる態勢が整った(明治)三〇年前後からである。音楽を教えうる教師が多くの学校に配されるのは、二五年以後である。一方、教具である風琴(現在のオルガン)が輸入品でなく、安く手に入るようになったのは、山葉オルガンが個人経営から株式組織に変わった三〇年前後からである。

しかし、競って設置されるに至った主原因は、二七・二八年の戦後(日清戦争後)において、軍歌が一般に普及し、士気を鼓舞するのに力があったことから、唱歌への認識が高まったためである。

「2番目にできたのは唱歌室、つまり音楽室かあ」
「しかし軍歌の影響だなんてねえ」
「音楽とかけ離れてる感じだよ」
「ヤマハって、このころからあったんだね」
「株式組織になって大量生産して、オルガンが学校に入ってきたんだね」

「先生、このころの軍歌って、どんなの？」
「勝ってくるぞと勇ましく～ってやつ？」（笑）

——それは昭和の戦争で歌われたものだね。明治時代のは、日露戦争のときのものを少しだけ知ってる。ぜんぶは知らないから、知ってるところだけ歌ってみるか！
（拍手）
——♪轟《とどろ》く砲音《つつおと》　飛び来る弾丸《だんがん》
荒波洗う　デッキの上で
闇を貫く　中佐の叫び
杉野は何処《いずこ》　杉野は居《い》ずや～♪

「おもしろい歌だね」
「勇ましい歌じゃないんだね」

——ロシアの軍艦を、旅順港のなかに閉じこめようと作戦したときのようすが歌われた歌だよ。

「軍歌に関係して唱歌室ができてきたなんて、知らなかった」
「ぜんぜん知らなかったよ」
「音楽室ができたのは、クラシックに関係あるのかなって思ってた」

写真＝裏辺研究所

第一次大戦後にできた「理科室」

——さて、3番目にできたのは、理科室と図書室、どっちだろう？

「今度こそ図書室だよ」
「わたしも図書室だと思うな」

——では、またプリントを読もう。

理科教室の設置が飛躍的に増加したのは、第一次大戦後である。政府は敗れたとはいえ、ドイツの科学力に驚嘆し、近代兵器の出現に目をみはり、理科教育の重要性をあらためて認識した。大正七年には、中学校、師範学校に生徒実験設備補助費を出し、八年には理科を小学校四年から課して時間数を増やし、理科教育の振興と設備の充実を促す訓令を発している。この督励と科学重視の風潮から、理科教室の設置は急激に増加した。

「えっ、理科室も戦争と関係があるの」
「ドイツは戦車や毒ガスを使ったんだよね」
「たしか、飛行機から鉄砲を撃ったって、読んだことあるなあ」
「科学兵器に日本は驚いたんだね」
「理科室まで戦争のためなんて、なんかイヤだなあ」
「特別教室は戦争と関係してできてる感じだね」
「わたし、もっと学問と関係あると信じてたのに……」

さて、図書室はいつできたのか

——さて、残りは図書室だね。プリントに書いてある？

「手工科については書いてあるよ。教室として設置されるのは、第一次大戦後に都市の学校に設けられはじめて、昭和期に入って、農村の学校にも設けられるようになったって」
「図書室については書いてないね」
「図書室は、いつできたの？」

――明治30年に帝国図書館制の公布が出ています。そして明治32年に図書館令が公布され、公立図書館が設置されはじめます。わたしが住んでいる鎌倉には、明治44年に町立図書館ができています。

「意外と遅いね」
「もっと早くから図書館があったと思ってた」
「同じころに、学校の図書館もできていったんでしょ？」

――お金のある私立や一部の学校には図書館が設置されたところもあったけど、制度として学校に導入されたのは、第二次大戦後です。

「えっ、そんなに遅いの？」
「ウソでしょ？」

――日本が戦争に負けて、アメリカから教育使節団が調査にきました。かれらは、日本人がひとつの思想に凝り固まった原因は、多様な本を読まなかったことに原因があるから、「学校に図書館を設置していろんな本を読ませなさい」と、昭和21年に勧告しました。

それをうけて昭和28年に学校図書館設置法が成立し、「学校には図書館を設けなければならない」という設置義務が入って、すべての学校に図書室がつくられるようになっていったのです。わたしが小学校に入ってから、図書室ができたのです。

「知らなかった」
「アメリカの人にいわれて、できたんだ」
「たくさん本を読んでたら、戦争しなかったかも」
「もっと早くできたと思ってたのに、どんでん返しだ。うちのグループも正解しなかった」

学校の特別教室にも隠された歴史がありました。運動場や制服なども、調べていくと、意外な歴史がみえてくることでしょう。

［**授業後の感想**］

●—特別教室をつくる理由は、子どもの教育のことだけ考えてつくったと思っていたので、戦争が大きくかかわっていることに驚いた。

●—音楽室は情操教育のために最近つくられたものだと思っていたけれど、軍歌を歌わせるためにつくられたなんて、意外だった。

●—あるのが当たりまえと思ってた特別教室に、歴史があったなんて驚きました。

●—特別教室がなにかしら戦争と関係していることに驚いた。

●—学校には図書室があるものだと、当然のことのように考えていたので、まさか設置されたのがいちばん遅いとは思わなかった。

●—ドイツの毒ガスなんかの科学力に驚いて理科室をつくったなんて、あ然とした。

●—教育が戦争だとか、そういう国の利益のためにするものであってはいけないと思った。

特別教室から、学校教育が国策と深く連動して推移してきたことがみえてきました。また、普通教室の基準は20坪の広さとされました。1坪あたり4名、1教室80名の教室規模が基準だったのです。この基準は100年後も学校建築に踏襲されています。1人の先生がより多くの子どもに一斉に教授する「東アジア型教育」と呼ばれる、安上がりの日本の教育の姿が学校建築からみえてきます。

［参考文献］
青木正夫「明治・大正・昭和小学校建築史」、『学校建築の冒険』（INAX）所収
横須賀薫・千葉透・油谷満夫『図説　教育の歴史』（河出書房新社）
鎌倉市教育委員会『鎌倉教育史』、ほか
［校舎写真提供］
裏辺研究所ウェブサイト http://www.uraken.net

この授業について

1872（明治5）年9月、明治新政府は学制を発布します。

「邑《ゆう》(むら)に不学の戸なく　家に不学の人なからしめん」という理想を掲げ、全国に学校建設の命を発したのです。しかし、維新後まもない政府は財政基盤が未熟なまま、近代国家としての多方面の整備に追われており、学校建設にかける予算はわずかなものでした。

明治初期に建てられた校舎が、日本各地にいくつか保存されています。

長野県松本市の開智《かいち》学校、佐久市の中込《なかごみ》学校、宮城県登米《とよま》尋常小学校を訪ねました。登米尋常小学校は外観も瀟洒《しょうしゃ》で、外に張りだした廊下やバルコニーにはなつかしさを感じます。これらのどの校舎にも、当時の人びとの学校への期待やあこがれを感じました。

地域の人びとは経済的な負担に耐え、地域子弟の教育のために学校を建てました。ですから、当時の学校は文化の中心であり、地域のコミュニケーションの中心として、寄り合いや夜警の屯所《とんしょ》としても使われています。

その後、自由民権運動が激しくなると、学校を使用した政府批判の演説会なども開催され、政府は学校に住民を立ち入らせないようにしていきます。ふたたび地域の人びとが学校に入るのは、明治後半になっての運動会からだったといいます。校舎からも歴史がみえてきます。

県や市・町の「教育史」から、このほかいろんな授業が構想できると思います。ぜひ、そうした史誌を手にとって概観されることをお勧めします。

授業のためのワンポイント

●—学校沿革誌はどこの学校にもあります。それには特別教室の設置の記述もでてきます。自分の学校の歴史は、身近なだけに子どもたちの知的好奇心を引きだします。自校の歴史とこの授業を対比していくことも楽しいと思います。

この授業では、一般的な日本の学校建築のようすを概観しましたが、ぜひ地域性をいかした味つけも考えてください。

●—特別教室から、戦争との結びつきが見えるとは、子どもたちは予想もしないでしょう。国の政策と学校の関係を見つめることは、子どもたちの今後の歴史を見る目を確かなものにしてくれると思います。

「石貨」の授業
——お金の原点を考える

リーマンショック以来、金融資本や銀行などの投機マネーの異常な世界がみえてきて、貨幣への不信が渦巻いています。リンカーンは南北戦争当時、「前からは南軍が、後ろからは銀行家が迫ってくる。わたしは後者のほうが恐ろしい」と語ったそうです。貨幣が人を支配しはじめているようにも感じます。

こんなとき、「石貨」という、のどかな貨幣の授業はどうでしょうか。貨幣のもつ原点を見つめるのも、いまのわたしたちには必要かもしれません。小学校6年生と授業をしてみました。

東京・日比谷公園にある巨大な石貨

1―小さな島の大きなお金

巨大な石の円盤。これなあに?

――東京の日比谷公園を散歩したら、こんなものを見つけました。なんだと思う?

　そういって、前ページの写真を黒板に貼りました。

「石だよね」
「丸っぽい形だね」
「真ん中に穴が開いてるよ」
「丸い穴だ」
「後ろはどうなってるの?」

――では、上からの写真も見せよう。

「あっ、うすっぺらいんだ」
「大きさはどれくらいなの?」

――みんなが両手を広げたくらいの大きさだよ。これは何だろうね。4つのなかから正解を見つけてください。

Q　**日比谷公園にある、この石は何だろう？**

A　宇宙からきたナゾの円盤

B　漬け物石

C　石のお金

D　昔の馬車の車輪

——グループで話し合ってね。

話しだした子どもたち。グループをのぞいてみると……。

「ナゾの円盤だとおもしろいな」

「宇宙の隕石とかさ」

「あんなにきれいに穴が開いてないよ」

「漬け物石じゃないよね」
「大きすぎるよ」
「大昔のお金とか？」
「ぜったいにお金じゃないよ。持ち運びできないもん。買い物できないよ」
「石のお金なんて、聞いたことないよ」
「やっぱり車輪でしょう」
「だから真ん中に穴があるのね」
「でも、車輪なら4つないといけないよ」
「2つでもいいかもよ」
「でも、1つしかないよ」
「きっと、1つだけ残ったんだよ」
「昔の馬車の車輪にしようか」
「うん。それでいこう！」
グループでは、こんな話をしていました。
6つのすべてのグループが、昔の馬車の車輪と予想しました。

大正時代、この石貨の価値は?

――この石の横に説明板がありました。そこにはつぎのように書いてあります。

この円形の石は、お金として使われていた石の貨幣で、石貨と呼ばれるものです。

「ええっ！」（全員が驚きました）
「お金なの」
「うそっ、信じられない」
「運べないのに、お金、どうやって使ったの？」
「だれのものなの？」
「日本人が使ったお金？」

疑問がたくさんでてきました。

この石貨は、大正14（1925）年1月に外国から日本に贈られたものです。

説明板には、こうも書いてありました。

ここで問題です。

Q　この石貨には、どのくらいのお金の価値があったのだろう？

A　お米が10kg買えるくらい

B　当時の小学校の先生の初任給くらい

C　家を一軒、買えるくらい

「さっぱりわからない」
「見当もつかないよ」
「でもぜったい、この石貨で家は買えないな」
「先生、このころ、お米10kgはいくらだったの？」

——大正11年には3円4銭で、お米を10kg買えました。大正15年には3円20銭くらいだったそうです。

「じゃ、小学校の先生の初任給は？」

——昔の値段を調べるには、『値段史年表』（朝日新聞社）という便利な本があります。この本によると、先生の初任給は、大正9年では40円から55円でした。昭和6年も同じだから、50円くらいと考えるといいかな。

「えっ、50円しかもらえないの」
「それで暮らせたの？」

――いまの50円と違うよ。ジャムパンが5銭《せん》、お寿司が20銭の時代だよ。

「20銭って、なあに？」

ここで円と銭の関係、1円＝100銭で、1銭＝10厘《りん》という説明をしました。

グループでの相談の結果、Aの「お米10kg」を選んだのが3グループ、Bの「初任給」が2グループ、Cの「家」は1グループでした。

理由を話してもらうと……。

「石のお金だから、金貨と違って、そんなに価値が高くないと思ったの。お米10kgくらいかなって話し合いました」

「ぼくたちは、石のお金にも種類があって、小さいものから大きいものまであると思うのね。大きいのが価値は高いと思う。これはけっこう大きいから、先生の初任給くらいだと思いました」

「わたしたちの班だけ“家一軒”だけど、理由は、外国が日本の国に贈ったんでしょ、だから、あまりみみっちいことはしないと思うのね。それなら家かなと、みんなで考えたの」

――それぞれの理由がよくわかったよ。じゃ、多数決で決めようか？

「だめだよ」

「多数決はおかしいよ」

「事実で考えないと」

――そうか、事実を見つめることが大事なのね。説明には、こう書いてありました。

大正13年（1924）頃、1000円位で通用したと言われています。

「すごく価値が高かったんだ」
「お米10kgなんか、安すぎた」
「先生の給料なんかも、お呼びじゃないね」

——そのころ、1000円あると家が建ったといいます。すごい価値があったね。

日比谷公園の石貨は、どこからやってきた?

「先生、どこの国のお金なの？」

——今度はそれを考えましょう。

Q　**石貨はどこの国のお金だろうか？**
　A　ピラミッドのあるエジプト
　B　草原の国・モンゴル
　C　南太平洋のミクロネシア・ヤップ島

「よくわかんないけど、ピラミッドは大きな石を使ってるよね。石の加工も進んでいたと思うから、エジプトかもしれない」
（「私も」の声、多数あり）
「モンゴルはぜったいにないと思う。騎馬民族だから、大きな石は運べないと思う」
「そうだよね」
「ヤップ島って、どこにあるの？」

——ヤップ島は南太平洋の島です。（世界地図で場所を説明しました）

「ヤップ島が穴場だと思う。きっと、文明がずっとあとから入ったと思うから、それまで石貨を使っていたのかもしれない」

●ミクロネシア　ヤップ島

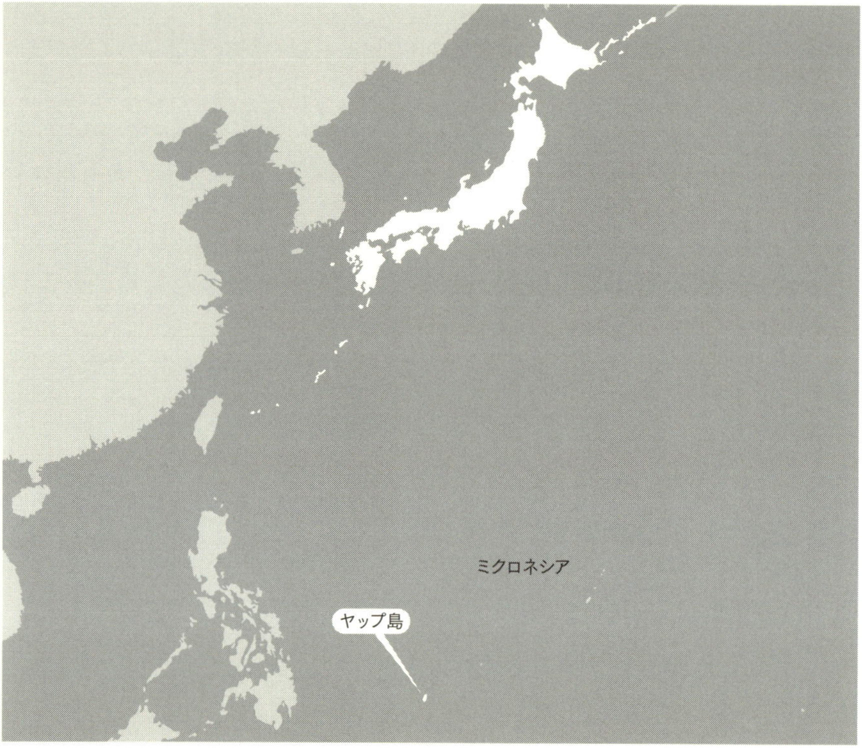

●日比谷公園にある石貨の説明板

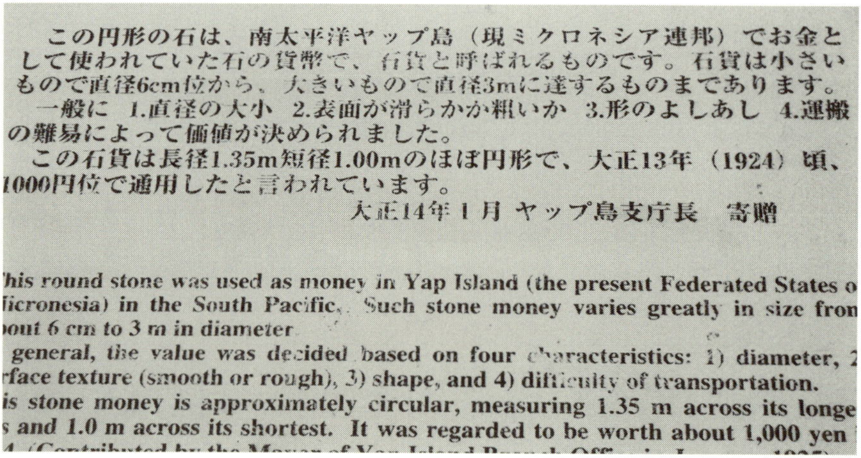

この円形の石は、南太平洋ヤップ島（現ミクロネシア連邦）でお金として使われていた石の貨幣で、石貨と呼ばれるものです。石貨は小さいもので直径6cm位から、大きいもので直径3mに達するものまであります。

一般に 1.直径の大小 2.表面が滑らかか粗いか 3.形のよしあし 4.運搬の難易によって価値が決められました。

この石貨は長径1.35m短径1.00mのほぼ円形で、大正13年（1924）頃、1000円位で通用したと言われています。

大正14年1月 ヤップ島支庁長　寄贈

his round stone was used as money in Yap Island (the present Federated States o
licronesia) in the South Pacific. Such stone money varies greatly in size fron
out 6 cm to 3 m in diameter
general, the value was decided based on four characteristics: 1) diameter, 2
rface texture (smooth or rough), 3) shape, and 4) difficulty of transportation.
is stone money is approximately circular, measuring 1.35 m across its longe
s and 1.0 m across its shortest. It was regarded to be worth about 1,000 yen

こんな意見がでてきました。

——では、日比谷公園の石貨の説明板を見せましょう。（左ページ下の写真）

「やっぱりヤップ島だった」
「エジプトじゃなかった。残念！」
「ほんとうに石のお金があったんだ」
「先生、それで食べ物を買えたの？」

石貨は何に使われた?

——では、石貨が何に使用されたか考えよう。グループで相談しよう。

Q　**石貨は何に使用された？**
A　食べ物や日用品の買い物に使った
B　結婚式の結納に使った
C　家を建てるときの費用に使った
D　カヌーをつくる費用に使った

「Aはないよな。重くて持っていけないよ」
「そう。お財布に入らないし……」
「でも、真ん中に穴が開いているから、そこに棒を入れて運んだのかもよ」
「何人も必要になるよ」
「買い物に毎回、おおぜいで行くの？」
「そうだね。違うね」
「きっと、結婚式のときに使ったのよ」
「結納かもね」
「そうかなあ。日比谷公園の石貨は、家一軒買えるっていってたから、家に使ったのでは？」

「そうだよ。家を建てるときに使ったと思うな」
「南太平洋だから、島だよね」
「そうだよ」
「だったら、カヌーって線もあるよ」
「そうか」
「先生、答えは1つだけ？」

——1つじゃないかもね。複数あるかも。

「だったら、Aをのぞいて、残りぜんぶにしようか」
「それがいい！」
　これが子どもたちの予想でした。

——では、答えをいいます。石貨はつぎのようなときに使われたそうです。

　表を貼って、説明しました。

○結婚式のときに、花嫁の親族が、花婿の親族へ贈与する
○カヌーの建造の謝礼
○家の建立に対する謝礼
○紛争の和解や贖罪《しょくざい》としての支払い
○呪術師に対する献供
　など、社会生活のあらゆる場での相手に支払う手段として使われた

「やっぱり、結婚式に関係があった」
「カヌーも当たりだ」
「家もね」（笑）
「ほんとうに使ってたんだね」

石貨の価値は、何で決まる?

「大きい石貨が、価値が高いの？」

――今度はそれを考えよう。まず、この問題から。

> Q　**ヤップ島では石貨を…**
> 　A　ヤップ島の石でつくった
> 　B　ほかの島から運んできた

「当然、自分の島の石を使ったよ」
「そうだよね」
「そうかな？　自分の島の石だったら、おれ、自分でたくさんつくっちゃうよ」
「そうか。お金がほしくなったら、自分でつくれるね」
「それじゃ、困るよ」
「みんなが勝手につくったら、価値がなくなるよ」
「そうか。ほかの島から運んできたのか」
「先生、ほかの島でしょ？」

――石貨の石は、ヤップ島から南西に470km離れた、パラオ諸島のマラカル島に産出するライム・ストーン(結晶石灰石)でできています。採掘場で石貨をつくり、カヌーで運んできました。

「やっぱり、ほかの島の石だ」
「ライム・ストーンって、石なのか」
「カヌーで大きな石貨を運んだの。たいへんだったね」
「たくさん運べないね」
「だから貴重だったんだね」
「大きな石の価値が高いな」

「きっとそうよ」

Q　**石貨の価値は…**
A　大きいもののほうが、価値が高い
B　価値は大きさに関係ない

「これはAだな。大きいのを運ぶのは、たいへんだもの」
「ぜったいAだよ」
「石貨の説明板にも、“直径の大小”って書いてあったよ」

——**石貨の大きさだけではなく「運搬の難易」とも書いてあったでしょう。石貨にはそれぞれ、運搬してくるときに、さまざまな物語があります。パラオで石を切りだして石貨をつくり、ヤップ島に持ってくるまでに、どれだけたいへんな苦労があったのかなど、そのストーリーを代々語り継いできた語り人による話で価値が決まるといいます。**

「えっ、海が荒れている季節に、カヌーで運んだとか？」
「いかだで運んできたとか」
「まさか、泳いで持ってきた人はいないよね」（笑）
「そんなことで価値が決まったの」

——**そうだね。ものすごい価値のある石貨を持っている人に、こんな話が伝わっています。その家族の先祖が、巨大な形のいい石貨を島まで運ぶ途中に嵐に遭い、石貨が海に沈んでしまった。これを知った島の人はその石貨を、だれも見たことがないけれど海にあるのだから、価値を認め、石貨としたといいます。**

「えっ、海の底にあるのに？」

——**お話を信用して、お金と認めたんだね。**

●ヤップ島の石貨銀行

写真＝片岡修

お金は動かず、所有者だけが変わる

「すごいな。目のまえにないモノも認めたんだ」
「人を信用してるんだ」

――そうだね。それと、石貨が島でどのような人に渡っていったのかという来歴が、価値を決定したそうです。

「だれが持っていたかが大事なの？」

――そう。こんな人に所有者が移っていったとかね。

「へえ、おもしろい」
「村長さんが持っていた石貨だとかいうと、価値が高くなるんだ」
「人口が少ないんだね。だから、だれが持っていたか、みんながわかるんだ」

――この写真(前ページ)は、ヤップ島の石貨銀行と呼ばれている広場です。村の集会場に石貨が置いてあります。小さなものは家に置いたりしますが、大きな石貨はこのようにして置いてあるのです。使うときには、動かさないで所有権が移るだけなのです。石貨がここにずっとあることには変わりがないのです。

「へえ、動かないお金だ」
「これはあの人のものになった、とみんなが信用すれば、お金として使えるの？」

――そう。所有権が移動したことをみんなが認めれば、支払いに使えたんだね。

「重いから、盗む人もいないな」
「盗んでも、みんなが認めないと、お金として使えないよ」
「おもしろい島だね」

2—通貨の意味を考える

物語のないお金の流入

Q　1880年代に、石貨の価値が大幅に下落したことがありました。何があったのだろう？　グループで考えてください。ヒントなし！

「むずかしいな」
「あっ、だれかが石貨銀行の石貨を削ってしまった」
「割ってしまったのかも」
「かんたんに割れるかな？」
「割れたら価値が下がるよ」
「そうかもね」
「そんなことしたら、島にいられなくなるよ」
「あっ、わかった。だれかがヤップ島の石で、石貨をたくさんつくったんだ」

——おっ、近い！

「えっ、チャンス」
「同じライム・ストーンが、ヤップ島にあったのかな？」
「同じ石があるんだ。きっと」
「これにしようよ」
　お手上げのグループが多かったので、このグループに話してもらいました。

——残念でした。答えは、ディビット・オキーフというアイルランド系アメリカ人が、機帆船を使って大量の大きな石貨を島に持ち込み、多量のナマコやコプラと交換してひともうけしたためでした。

「コプラって、ヘビ？」

——コプラはココヤシの果実の胚乳を乾燥させたもので、良質の脂肪分を含む食べ物です。

「わたし、ヘビをどうかするのかと、びっくりしちゃった」
「機帆船って？」

——エンジン付きの帆船だね。外洋では帆を張って走って、風が吹かないときはエンジンで走る船だね。

「その船で、大きな石貨をたくさん運んできたの」
「ひきょうだ」
「アメリカ人は信用できないな」(笑)

——日本の南洋貿易株式会社という会社も、同じことをさかんにおこなったといいます。

「日本人も信用できないな」(笑)

——このため1929年までに、1万3千個まで石貨が増加し、物語のない石貨の流入で、価値が下落したそうです。

「悪いことするね」
「ヤップ島の人、かわいそう」
「先生、石貨でナマコなんかが買えたんだね」

——そうだね。このころは食料も買えてるね。

「大きな石貨にだまされたんだ」
「ナマコをよそで売って、大もうけしたんだな」
「悪いやつ！」

日本の統治時代のヤップ島の貨幣は？

Q　1934（昭和9）年、のちに東京大学総長になった矢内原忠雄さんが、ヤップ島で石貨の調査をしています。そのとき矢内原さんが、島の生活で使ったお金は何だったろう？

A　石貨　　B　円　　C　ドル　　D　マルク

「石貨ってことはないよね」
「日本から行ったんだから、石貨は持ってないよ」
「そうだよな」
「でも、日本の円は、ぜったいないな」
「ドルかな？」

——マルクは、ユーロのまえの、ドイツのお金です。

「なんで、ドイツが出てくるの？」
「アメリカも？」
「日本も？」
「なんかヒントちょうだい」

——では、ミクロネシアの歴史年表を見て考えてください。

つぎの年表を配り、説明しました。

BC4000年〜BC2000年
　フィリピンやインドネシア地方から渡ってきた定住者がいたと推測されている。
⋮

1525年	ポルトガルの探検隊が、ヤップ島などを発見
1529年	スペインの探検隊が、カロリン諸島を発見 スペインはヤップ島に植民地政府をおき、領有を主張
1869年	ドイツが貿易の拠点をヤップ島に開設
1899年	スペインがアメリカとの戦争に負け、ドイツに権益を売り渡し、ミクロネシアから撤退する
同年	ドイツがドイツ領カロリン諸島として植民地化し、コプラの生産・貿易の発展をうながす
1914年	第一次世界大戦が始まる。日本は連合国側につき、赤道以北のドイツ領を攻め、ミクロネシアを管理下におく
1920年	国際連盟が、日本にミクロネシアの統治を委任
1944年	アメリカ軍がミクロネシアにある日本軍基地を攻撃し、陥落させる
1947年	国際連合が、ミクロネシアをアメリカ合衆国の信託統治領にする
1986年	ミクロネシア連邦が独立
1991年	ミクロネシア連邦が国連に加盟

「先生、矢内原先生がヤップ島に調査にいったのは、何年？」

——1934（昭和9）年だね。

「じゃ、日本が統治をしてたんだ」

「円を使ったかもな」
「でも、外国で日本の円が使えるなんて、あったのかな？」
「しかも南の島でだよ」
「じゃ、ドイツのマルクを使ったの？」
「石貨かな？」

子どもたちの予想は、円がクラスの17人、マルクが11人、ドルが1人、石貨が5人でした。

――答えはBの、円。日本の統治領だったので、ヤップ島では日常生活に円が使えたそうです。ヤップ島や周辺の島にたくさんの日本人がやってきて、この時期には8万5000人以上がミクロネシアに住んでいたそうです。サトウキビの栽培や漁業、鉱石採掘などがさかんになったそうです。

しかし、太平洋戦争で日本が負けて、ほとんどの産業が爆撃で廃墟になりました。その後はアメリカ合衆国の統治になり、日常生活ではドルを使うように変わったそうです。

「先生、石貨はどうなったの？」

――石貨はヤップ島のなかで、さっき話したような社会生活の目的に使われていたといいます。

「安心した」
「でも、だんだん、いまのお金になっていくね」
「ぼく、いつまでも石貨を使ってほしいな」

限られた地域だけで使えるお金

Q　ヤップ島の人が石貨を大事にしてこられたのは、なぜだろう？

「先生、ヤップ島の人口って、何人？」

——ヤップ島はミクロネシア連邦ヤップ州の島のひとつで、ヤップ州の人口が約1万1000人。そのうち約7400人が、ヤップ島に住んでいるそうです。

「7000人の小さな島だから、石貨がみんなに認められたと思う」
「人口が少ないので、みんなのことがわかるから、動かないお金でも信用されたと思うな」
「だれのものかを、みんながわかってたんだね」
「だから、小さな島だったから、石貨を大事にしてこられたんだ」
「みんなが島の人を信頼してるんだ」

——そうだね。この島だけでの石貨を、みんなが信頼して使えたんだね。
「日本にもあればいいのに」

——日本にもあるよ。
「ええっ！」

Q　石貨ではないけど、地域だけで使う「お金」のようなものはないかな？

「ないよ」
「聞いたことない」

——じゃ、これ見てごらん。
「何、これ？」

——これは1ハッチー！
「みほんって書いてあるよ」
「ハッチーって、なに？」

——これは九州の佐賀県伊万里市で使われている「ハッチー」という地域通貨です。

「地域通貨って、なあに？」

——石貨のように、その地域だけで使えるお金の役目をするものをいうんだよ。伊万里では、1ハッチー、5ハッチー、10ハッチーという券があって、これがお金のような役目をします。1ハッチーは100円と同じ価値をもっています。

環境にやさしくするために考えられたもので、生ゴミで堆肥をつくり、その堆肥で育てた野菜をみんなで買って、ゴミを減らしていこう、有効利用しようと、つくられたものです。

信頼でまわる地域通貨

「どうすると、ハッチーをもらえるの？」

――これまで、家庭や飲食店からでた生ゴミは、市民の税金で焼却していました。しかし、ゴミとして燃やすのはもったいないし、税金で焼却するのもヘンだなと考えたんだって。みんなで協力して、食の資源が循環する町づくりを考えて実行したんだ。

●まず、家庭や飲食店からでる生ゴミを「伊万里はちがめプラン」というNPOに渡すと、ハッチーをくれるんだよ。

●集めた生ゴミで「伊万里はちがめプラン」が堆肥をつくる。

●その堆肥を農家が、ハッチーを払って買いとる。

●農家は買いとった堆肥を使って有機野菜をつくる。

●そして農家は、できた野菜を「ふれあいステーション」で売る。

●家庭や飲食店の人が野菜をハッチーで買う。

　こういうシステムをつくったんだ。

伊万里はちがめプランHPより

「なんとなくわかるんだけど……」

——もう少し説明するね。

伊万里市では、燃えるゴミが1日に約41トンでる。燃えるゴミの焼却コストは、1トンあたり3万4000円かかるので、毎日140万円の税金がかかる。

そのうち生ゴミは40%。生ゴミの80%は水だから、燃やすには大量の燃料がいる。燃やすとCO_2がでる。残灰も年間2500トンもでて埋めたてられている。

つまり、金銭的にも環境的にも悪循環だった。そこで生ゴミを「ゴミ」にしないで、資源にして循環させる仕組みをつくったんだ。その中心に、地域通貨のハッチーをおいたんだね。

「ヤップ島の石貨のようなものが、ハッチーか」
「それで環境にいいなら、すばらしいシステムかもね」
「へえ。地域通貨っていうんだ。初めて知った！」

——いまでは加盟店も増えて、ハッチーでケーキも買えるし、美容院でも使えるそうです。ラーメンだって食べられるって。

「いいな、食べたい」(笑)
「町も活気がでるね」
「住んでる人が仲よくなるね」
「伊万里以外にも地域通貨があるの？」

——いまでは日本全国で200を超えているそうです。いろんなところで地域通貨ができているんだね。地域通貨の呼び名も「ピーナッツ」とか「イ・タッチ」とか、「ニャン」なんてのもあるそうですよ。

「おもしろい」
「地域に住んでる人が仲よくなれそう」

——ヤップ島のように、みんなが信頼でつながるとすばらしいね。

「地域通貨で、日本もヤップ島に近づいていくかも」(笑)

こうして授業を終えました。

人間が地球上のどこかで貨幣として扱ったものは、水牛、イルカの歯、アーモンド、米、銅、鉄、塩、なめし革、奴隷、頭蓋骨、タバコなどがあります。経済学者ポール・アインチッヒによると、173種類もの物質が貨幣として使われたそうです。動かない貨幣・石貨は、ヤップ島の住民の信頼と連帯に支えられていました。

しかしいま、マネーは実体経済を翻弄しています。投機は食料にまでおよび、飢餓に苦しむ人びとまででました。グローバルな市場経済は、人間や環境よりも利潤追求を最優先しました。こんななか、地域通貨や、市民がお金を循環させるNPOバンクなどの共助のシステムが芽生えてきました。「連帯経済」と呼ばれます。人びとが信頼で結ばれるこれらの営みに期待していきたいと考えています。

[ヤップ島写真提供] 片岡修(関西外国語大学教授・太平洋考古学)

この授業について

物々交換に始まった人間社会の経済は、いまやグローバル・マネーとして実体のない世界で暴れまわっています。一国はおろか、連携する国ぐにが知恵をだしあっても制御できないほどに、巨大になってしまいました。数字だけがひとり歩きする現代の経済は、あまりにも非人間的な感じがします。

そんなとき、『信用金庫』2007年12月号(全国信用金庫協会発行)に掲載された「地域経済と貨幣のありよう」という専修大学の泉留維准教授の論文を読みました。地域通貨の流通する社会では、一人ひとりの住民の顔が見えてきます。

人間社会の原点に立ちかえると、何か違った幸せが見えてきそうな気がします。

生活を翻弄するマネーグローバル経済。これに対抗する連帯経済。この問題を考える授業をしたいと考えました。「石貨」と「地域通貨」の組み合わせは、子どもたちの知的好奇心に火を点けると感じたのです。

授業づくりの出発点になった先の雑誌には、小学校長をしていたとき、給食費の入金に近くの信用金庫を訪れたさいに、出会いました。信用金庫の本棚に置いてありました。授業の種は、いろんなところにころがっています。

授業のためのワンポイント

●—石貨の授業には、写真が大きな役割を果たします。東京の日比谷公園に、石貨がさりげなく置いてあります。ぜひ見てください。先生自身が撮った写真で授業をすると、子どもたちは興味を示します。

えっ、日比谷公園のどのへんにあるかですって？　わたしも公園を一周して探しました。公園には案内板もあるので、場所は内緒です。休みの日にでもどうぞ。

●—ヤップ島の石貨銀行の写真を最初に見つけたのは、インターネットでした。

いくつかのサイトがあるので選んでください。わたしが見たものには、ヤップ島を訪ねた人の個性的なエピソードも載っていました。ミニネタで使えるものもでてきます。

●—この授業では、地域通貨はハッチーを使いましたが、あなたの町にもあるかもしれません。実物の地域通貨が教室に登場すると、子どもたちはより喜ぶことでしょう。

地域の授業をつくる1

墳墓「やぐら」の授業

——中世のお墓からみる幕府政治

現在の鎌倉市域からみると、中世の鎌倉は4分の1の御府内に限られます。そこに幕府がおかれ、全国から御家人が集まり、商業地域、寺社地域、遊郭までもがひしめくことになります。当時の鎌倉は人口過密都市だったのです。しかし、元弘3年(1333年)の鎌倉攻めで敗退後、まちは衰えていき、室町時代に入ると、もとの寒村に戻りました。

このような鎌倉の繁栄と衰退を、教科書の視点にはない「やぐら」と呼ばれる鎌倉独自の中世墳墓にスポットをあて、中学2年生と授業をしました。

鎌倉の山腹に残された「やぐら」

1―地域にあった中世の出来事を知る

源頼朝が軍勢を従えて鎌倉に入った治承4（1180）年、鎌倉は半農半漁の小さな寒村でした。平家を破り、関東に武家政権を樹立するにともない、鎌倉のまちは発展していきました。承久の変（1221年）で京都貴族政権の巻き返しをはねつけてからは、さらに発展し、鎌倉のまちには人があふれ、日本中から物資が集まり、名実ともに日本の政権としての機能を果たすようになりました。遠く中国（宋・南宋・元）からも貿易船がやってきました。

しかし、元弘3（1333）年の鎌倉攻めで敗退し、以後、まちは衰えていきました。室町時代に入り、関東管領が古河の地に去ると、鎌倉はもとの寒村に戻りました。

このような鎌倉の繁栄と衰退を、「やぐら」と呼ばれる鎌倉独自の中世墳墓にスポットをあてて授業しました。

鎌倉幕府の法令文に挑戦！

はじめに、仁治3年の御成敗式目追加法のプリントを配りました。

御成敗式目追加法

府中墓所事　右　一切不可有、

若有違乱之所者

且改葬之由　被仰主、

且可被召其屋地矣

仁治三年　正月十五日

——これは、鎌倉幕府が1242(仁治3)年にだした御成敗式目追加法です。鎌倉のまちに、あることを「してはいけない」と禁止したことが書いてありますが、さて、何を禁止すると書いてあるでしょうか？

「わあ、むずかしそう。漢字ばっかり！」
「グループで相談していい？」というので、グループで相談することにしました。

「〈御成敗式目〉って、鎌倉幕府がつくった法律って習ったよね」
「〈追加法〉って書いてあるから、追加したんだよね」
「〈墓所〉という字があるから、お墓のことをいってるのかな」
「そうだね。〈一切不可〉ってあるのは、ぜんぶダメってことかも」
「お墓がぜんぶダメって、どういうことなの？」
「お墓を禁止するってこと？」
「禁止するって、つくっちゃダメってこと？」
「そんなふうに読めそうだと思うけど、違うかもしれない」
「ほかのところでも、わかるところを探そうよ」

「〈違乱〉って、乱をおこすこと？」
「〈違乱〉というのは違反のことかな？」
「〈違乱之所者〉ってところは、違反した者は、ということ？」
「そういってるような気がする」
「つぎの行に〈改葬〉ってあるのは、お墓をつくり直させるってことかな」
「そうか、“違反したらお墓をつくり直させる”っていうのか」
「なんか、少し見えてきたね」

「ぼくは、最初の〈府中〉ってところが、どこか気にかかる」
「鎌倉府なんていわないよね」
「でも、東京も昔は、東京府っていってたそうだよ」
「じゃあ、鎌倉も、鎌倉府っていってたのかな？」

「京都府や大阪府は、いまもあるね」
「どんなところに府がつくの？」
「人口が多いところかな？」
「あっ、政治を執る場所をそう呼ぶのかも」
「鎌倉も幕府が政治を執ったところだから、鎌倉府か」
「京都も大阪も政治を執ってたよね。だから府がついてる」
「なんか納得！」
「これは完全に、“鎌倉府のなかにお墓をつくるな”っていってるね」
「どうして？　鎌倉って、お寺が多いのに……」
「なんでか理由がわからないけど、そういってるようだよ」

「〈屋地〉というのは家のこと？　土地のこと？」
「両方かな」
「自分の屋敷と土地か」
「じゃあ、“お墓をつくるな。違反してつくったら改葬させて、家を召す”ってことかなあ」
「〈召す〉って、どういうこと？」
「召し上げる、なんて使うよね」
「取り上げるのかな？」
「家を取り上げるっていうんだね」
「どこにお墓をつくると、そうなるの？」
「鎌倉府のなかだと思うけど、場所はよくわからない」
「あとは先生に聞いてみよう」

グループでは、こんな話し合いをしていました。ほぼ解読できたということですね。中学生でここまで解読すれば立派ですね。ここで説明することにしました。

鎌倉にお墓禁止令がでた?

——1行ずつ読んでいくね。〈府中《ふちゅう》、墓所《ぼしょ》のこと、右《みぎ》、一切有《いっさいあ》るべからず〉。

「〈府中〉って、鎌倉のこと?」

——そうだね。鎌倉は三方を海で囲まれているから、その鎌倉のなかの土地を〈府中〉っていってるね。

「鎌倉のまちのなかにお墓をつくるな、ってこと?」

——そのとおりだね。鎌倉のなか、人の住める平地にお墓をつくるなと禁じてるんだね。

「じゃ、うちのグループで考えたことであってたな」

——つぎの行には、〈若《も》し違乱《いらん》する者《もの》が有《あ》れば〉と書いてあるね。

「〈違乱〉って、違反するってこと?」

——そう。なかなかいいぞ。もし違反してお墓をつくったら、つぎには、〈かつ改葬《かいそう》の由《よし》おおせつけられ、かつその屋地《やち》を召《め》し上げる〉と書いてあるね。

「〈改葬〉って、お墓をつくり直すの?」

——そう、掘り起こして別の場所に移動させるといってるね。

「違反したら、家を取り上げられるの?」

――そう、屋敷と土地を取り上げるって書いてあるよ。

「どうして、そんなこといったの？」

――そうだね、疑問だね。つぎはグループで、幕府はなぜ、鎌倉の平地にお墓をつくることを禁止したかを考えてください。

Q **幕府はなぜ、鎌倉の府内にお墓をつくることを禁止したのだろう？**

ふたたび、グループの話し合いに戻りました。
「縁起がよくないのかな」
「えっ、どういうこと？」
「将軍がいる神聖な場所だから、お墓があると、縁起が悪いのでは」
「あっ、そうか。不浄のものはだめだというのか」
「それはありそう」
「いや、意外と、死体が腐って悪臭がたちこめてたのかも」
「不気味なこというなあ」
「こわいよ～」（笑）

――ほかの理由はないかな？

「墓を荒らして盗みをする者が多かったとか……」
「墓泥棒か」
「墓泥棒を防止するために禁止したのかも？」
「それもありそう」
「わたしは、鎌倉はお寺が多くできて、お墓でいっぱいになって、人が住むところが足りなくなったのかもしれないと思う」
「それってありそう。それなら、これ以上つくるなと禁止するのがわかるなあ」

「鎌倉って、そんなにおおぜいの人が住んでたの？」
「だって、この時代の日本の首都だよ」
「そうか。たくさん人が来るね」

――3つも考えたね。縁起が悪いから。墓泥棒が増えたから。住むところが足りなくなったから。このうちに正解はあるかな？

「たぶん、墓泥棒は違ってるな」
「先生、そろそろ正解を教えてよ」

――では、考える材料に年表を渡します。それを見て、意見をひとつに絞ってください。

63ページのプリントを配りました。

当時は大混雑だった鎌倉のまち

――関係ありそうなところに印をつけていくといいよ。

「1223年の、京都からやってきた人の話では、鎌倉にたくさん人が住んでいたことがわかるね」
「"海には数百そうの船がいて、陸には何千軒もの家が軒《のき》を並べてたっていた"って」
「"町には商人があふれていた"っていうから、すごい人混みだね」
「ここを読むと、住むところが足りなくなったという意見に近くなるね」
「おっ、いいね」(笑)

「"死んだ人を海へ棄てたり、山へ棄てたりするな"っていってるよ」
「すごいなあ。そんなことする人、いたのかなあ？」

「いないでしょ」
「いや、いたから、御成敗式目に書いたんじゃないか」
「じゃ、鎌倉の山や海に、死体がいっぱいあったの？」
「いっぱいかどうかわからないけど……」
「なんか、鎌倉って、暗いイメージになってきたなあ」

「1245年に、"道路の上にまで家や店をはみだすな"って禁止してるね」
「ここからも、人口が多いってわかるよね」
「1289年には、"鎌倉はごちゃごちゃしていて、まるで袋にものをつめこんだようだ"ってあるよ」
「これはぜったい、人口が増えて土地が足りなくなった説だな」
「先生、もう発表してもいいよ」

生徒たちは年表から、「鎌倉のまちの人口増に対応するために、追加法をだしてお墓を禁止した」と読み解き、発表しました。

鎌倉時代初期には、上級の武家や公家階級の墳墓は平地埋葬を習慣としており、源頼朝、政子、実朝、北条義時などの墳墓が法華堂という形だったということが『吾妻鏡』に出ています。建物を造るのですから、それなりに広い土地も必要とされました。

また、都市としての鎌倉には多くの武士が群集し、民衆もたくさん集まってきました。酒壺の数などで当時の人口を推計した結果では、約10万人と推定しています。狭い土地に多くの人口が密集して、土地不足になったのです。当時の日本の総人口は1200万人と推測されています。いまの10分の1です。1万人以上の人口の町は京都、奈良など数えるほどだったといいます。そんなことを話しました。

生徒たちの考えのとおりでした。

12世紀	1180(治承4)年	源頼朝、鎌倉に入る (そのときの鎌倉は半農半漁の、家も少ない村だった)
	1192(建久3)年	源頼朝、征夷大将軍となる
	1199(正治1)年	源頼朝、死す(53歳)。北条時政ら13人の合議制で政治をとるようになる
13世紀	1219(承久1)年	実朝が殺され、源氏の直系は絶える
	1221(承久3)年	承久の変。後鳥羽法皇を隠岐に、順徳上皇を佐渡に、土御門上皇を土佐に流す
	1223(貞応2)年	京都から鎌倉へやってきた人の日記『海道記』が成立 「由比ケ浜から海を見ると、海には数百そうの舟が綱を結んでとまっていた。陸を見ると、数千軒もの家が軒をならべてたっていた。町には商人があふれていた」
	1232(貞永1)年	北条泰時、武士の法律『御成敗式目』を制定する (そのなかのひとつに、死んだ人を海へ行って棄てたり、山へ行って棄てたりしてはいけないというのもある)
	同年	和賀江島の港をつくる
	1242(仁治3)年	幕府、追加法をだす。「鎌倉の御府内の地には、平地の上にお墓をつくってはいけない。もしつくったら、改葬させて、その土地は没収する」
	1245(寛元3)年	幕府、追加法をだす。「道路の上にまで家や店をはみだしてつくったり、溝の上に小屋をつくってはならない」
	1251(建長3)年	幕府は商人の数を制限する。そして、小町屋（屋台のような小さな店）をだせるところを、大町、小町、亀ヶ谷辻(寿福寺前)、和賀江(材木座)、大倉辻、けわい坂上の6か所とした
	1252(建長4)年	幕府は、鎌倉中に酒を売ることを禁止した。このとき、民家にあった酒壺の数は37,274個だった。1軒に酒壺は1個しかおけないと命じ、あとはこわしてしまった（凶作で米がとれなかったため）
	1253(建長5)年	幕府は、物が高すぎるから値段を決めることにした。そして、炭、薪、萱、わらぬかの価格を決めた。また、材木座で売る材木の寸法が短くなったので、8尺と決め、7尺のものがあったら没収すると命じた
	1261(弘長1)年	幕府は、病者、孤児、死人を路ばたに棄ててはいけないと禁じた
	1265(文永2)年	幕府は、また商売する場所を決めた。また、家の前の大路(道路)を掘って小屋をつくることを禁止した
	1289(正応2)年	二条という女の人が、京都から鎌倉へ来て、けわい坂から鎌倉を見て、「階段のように家々が山の斜面に重なりあって、ごちゃごちゃしていて、まるで袋の中に物をつめこんだようだ」と書いている
14世紀	1333(元弘3)年	鎌倉幕府、ほろびる

2―お墓からみえてくる歴史と政治

では、お墓はどこにつくった?

Q　禁止されたあと、鎌倉の武士たちは、死んだ人をどう埋葬したのか?

これもグループで話し合ってもらいました。

「海や山に捨ててはいけないって、でてたよね」
「海に捨ててしまったのかなあ?」
「そんなことはしてないよ、きっと」
「じゃあ、山に捨てた?」
「してないって!」

「あっ、田舎の自分の領地にお墓をつくったのかな?」
「うん。きっとそれだ。鎌倉を離れて田舎に行っちゃえばいいんだ」
「だけど……」
「違う意見?」
「鎌倉時代は自動車なんてないから、遠くまで運ぶうちに、死体が腐っちゃわない?」
「いっぱい氷を詰めたんじゃないか」
「氷なんかあったの?」
「きっと、冬しかないね」
「臭いのをがまんして運んで、お墓に埋めたんだよ」
「そうかなあ?」

「わたしは、先生が平地っていったのが気になった。平地じゃないところにお墓をつくるって、ありかな？」
「平地じゃないところって、どこ？」
「あっ、山？」
「武士は力が強いから、山にお墓をつくったかもよ」
「お墓は山につくったというのも有望だね」
「2つのうち、どちらかだといいね」

グループの発表では、「領地に墓をつくった」説と、「鎌倉周辺の山につくった」説の2つの意見がでてきました。「どちらか1つ選んで」といって聞いてみると、結果は半数ずつになりました。

「やぐら」の正体は武士のお墓

「では、この写真を見て考えてください」といって、写真を黒板に貼りだしました(67ページ)。

——これは、「やぐら」と呼ばれている、鎌倉にだけみられるお墓です。鎌倉をとりまく山腹に、このような方形の横穴を掘って埋葬した中世のお墓が多数あります。死体は火葬に付され、その骨を壺などに入れて、五輪塔の下に納めました。
これらから、どんなことがわかるでしょう？

「お墓は山の崖をくりぬいてつくった」
「鎌倉時代に人口が急増したから、お墓は山につくったんだ」

——幕府の禁令があったから、山の崖に「やぐら」というお墓をつくったんだね。

「崖をくりぬくのはたいへんだったろうね」
「人手も多くかかるよ」
「お金がないとできないね」

――入り口や天井や壁はしっくいで白く塗り、その上に色を塗って、きれいに漆で仕上げてあったようです。唐草模様の天井が残った「やぐら」もあります。また、入り口には扉をつけ、色鮮やかだったと考えられています。

「そうなんだ。やっぱり、すごく費用がかかったね」
「きっと、有力な武士だけがつくれたのかも」

――武士の「やぐら」がいちばん多いけれど、僧侶の「やぐら」や、職人だった人の「やぐら」も少数あるそうです。

「へえ、武士だけではないんだ」

――武士は戦いが多く、人を殺したりするので、死後は地獄におちると考えていたようです。そこで、地獄から救いだしてくれると信じていた地蔵菩薩（お地蔵さん）の彫刻を「やぐら」のなかに彫ったものが、多く見つかっています。

「地獄へ行きたくなかったんだね」
「地獄のこわ〜い針地獄や釜ゆで地獄なんか、絵本で見たことあるよ」
「芥川龍之介の『蜘蛛の糸』、小学校で校長先生が読んでくれたな」
「ああ、蜘蛛の糸を登って地獄から抜けだそうとするやつね」
「でも、山によくお墓をつくったね」
「鎌倉の面積が狭すぎたんだね」
「“やぐら”を見てみたいな」
「わたしも」

庶民はお墓をどうしてた？

――つぎに、一般の庶民はお墓をどうしてたか、考えましょう。

●鎌倉の「やぐら」

Q　庶民は、お墓はどうしてただろう？

「庶民の“やぐら”はないの？」

——庶民の「やぐら」は見つかってないね。

「年表に、死んだ人を海へ行って棄てたり、山へ行って棄てたりするなって書いてあるよ」
「御成敗式目で禁止してる」
「じゃ、やっぱり海に捨てたりしたのでは？」
「山にそのまま置いてきたのかな？」

——仏教では、火葬・水葬・風葬（鳥葬）・土葬をどれも認めています。庶民のなかでお金がある人は、薪を買って火葬にし、骨を壺に入れて山に置いてきました。薪を買うお金がない人は、海に流す水葬や、山に置いてくる風葬（鳥葬）をしたようです。置いてくる山を地獄谷などと呼んでいます。

「やっぱり」
「じゃ、いま、夏になるとたくさんの人が海水浴をしてる鎌倉の海には死体が浮いていたの？」

——浮いていたかもね。

「こわ〜い！」
「山って、ハイキングコースになっているようなところ？」

——建長寺の上のハイキングコースにもあったろうって推測されていますね。

「えっ、すごくこわい風景だな」

――平安時代の京都でも、鳥辺山に死体を置いてきたといわれているよ。

「じゃ、当時は、すごく変なことではなかったんだ」
「でも、不気味だね」
「来月の鎌倉散策、暗くなってきた」(笑)

お墓から政治の変遷がみえる

「最後にこの写真を見てください」といって、1枚の写真を見せました。

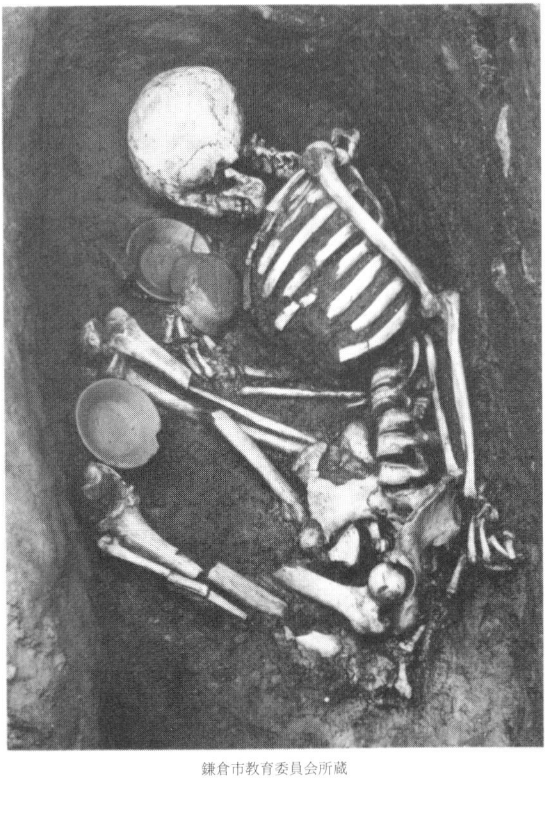

鎌倉市教育委員会所蔵

――これは鎌倉駅の近くで発掘された、室町時代のお墓です。農民の人が鎌倉の中心地にゆったりと埋葬されていました。このお墓から、どんなことがわかるでしょう？

「平地にお墓がつくってあったの？」

――そう。三方を山に囲まれた平地の真ん中から、室町時代のお墓がでてきたんだよ。

「もう、御成敗式目のしばりがなくなったんだ」
「鎌倉幕府が滅びて、罰せられなくなってる」
「鎌倉の真ん中から農民のお墓がでてきたんでしょ。もう武士が、鎌倉にはいなくなった」
「あっ、鎌倉はど田舎になったんだ」
「そうか、頼朝以前に戻ったんだ」
「室町時代になって、幕府は京都に移ってしまったんだ」
「お墓って、政治の移り変わりも伝えるんだね」
「ちょっと暗いけど、お墓から歴史がみえてくるんだね」
「鎌倉散策で“やぐら”を見るの楽しみだな」

　こうして授業を終えました。
　お墓から政治の変遷の一端がみえてきました。こういう史料から歴史に迫る授業も楽しいものです。生徒たちの本物の学力もみえてきます。

［生徒たちのひと言］

●—漢字の史料から歴史がみえてきて楽しかった。

●—今日はいっぱい頭を使った。

●—歴史の面白さが少しわかった。

●—お墓からも歴史がみえてきた。びっくりした。

●—グループで考えるのが楽しかった。

「やぐら」のほかにも、鎌倉の繁栄を物語る遺物があります。

鎌倉駅の改修工事のおりに発掘調査したところ、青磁や白磁の破片が多数、掘りだされました。当時の日本では色つきの陶器はまだつくれず、青磁や白磁の舶来陶器はあこがれの的でした。中国の同安窯や龍泉窯でつくられた青磁や白磁の壺などが、遠く寧波の港から鎌倉に運ばれてきました。引き潮のときにいまでも顔をだす当時の港の和賀江島、その材木座の浜では青磁のかけらが見つかりました。

平安時代の京都では青磁がたくさん発掘されますが、鎌倉ではひとつもでてきません。しかし、鎌倉時代になると青磁は鎌倉に多く発掘され、京都では極端に少なくなります。室町時代になると、逆に京都の青磁の発掘が多くなり、鎌倉には見当たらなくなります。

青磁のかけらも「政治」の推移を物語るのです。歴史は見つめる人の視点なしには実情を語りださないようです。歴史を掘りおこす視点をもつ教師になりたいですね。

［参考文献］

網野善彦・石井進・福田豊彦＝監修『よみがえる中世3』（平凡社）

大三輪龍彦『鎌倉のやぐら』（かまくら春秋社）

大三輪龍彦＝監修『掘り出された鎌倉』（鎌倉考古学研究所発行）

家永三郎＝編『日本の歴史2』（ほるぷ出版）

この授業について

「やぐら」という墓の形態は、鎌倉時代の鎌倉の地に特有のものだといいます。

なぜ、鎌倉時代には、このような特殊な墓制がとられたのでしょうか。そこには中世の鎌倉という地域特有の事情が隠されているにちがいないという思いが、この授業の原点になりました。

現在の鎌倉市域からみると、中世の鎌倉は、4分の1の御府内(旧鎌倉町)に限られます。天然の要害であるかまど形の山に囲まれた内側が、純然たる「鎌倉」でした。ひじょうに狭隘《きょうあい》な地域に幕府がおかれ、全国から御家人が集まり、商業地域、寺社地域、遊郭までもがひしめくことになりました。人口過密都市であったのです。そのため、平地に墓を禁止したのです。

「やぐら」ひとつをとりあげ、なぜこの墓制が鎌倉時代の鎌倉にだけある形なのかを考える授業は、歴史を思いがけない方向から考え、驚きとともに中世を印象深く意識することにつながると思うのです。あなたの近くにも、歴史をたぐりよせる隠されたモノがころがっているかもしれません。身近なモノから肌で感じる歴史の学びをつくっていきましょう。

授業のためのワンポイント

●—この授業のツボは、御成敗式目追加法の漢字を読み解けるかにあります。難解なので、読めない子どもが多くいると思います。

ぜんぶが読めなくともいいと思います。漢字から、当時の文献に浸ることが目的なのです。読める漢字だけで類推することが大切です。お墓のことが書いてあることが読めただけでもいいと思います。あとは先生が内容を説明してあげて、禁止したのはなぜだろうかを、テーマで考えていくことが肝要です。

●—鎌倉の歴史散策を実施する学校は多いと思います。「やぐら」という中世のお墓を眺めて、当時の鎌倉の繁栄に思いをはせてくれたらうれしいと思います。

地域の授業をつくる2

「庚申塔《こうしんとう》」の授業
——江戸時代の民間信仰を知る

日本には道祖神や庚申塔などの石仏が多く残っています。なかでも庚申塔は、全国にたくさん見られます。とりわけ関東に多く、神奈川県内には総数4000基もの庚申塔が残っているといいます。地域学習などで扱うにはぴったりの調査題材ではないでしょうか。

60日に一度めぐってくる庚申《かのえさる》の日に地域の人びとが集まり、眠らずにすごしたという、江戸時代に大流行した民間信仰を題材に授業をつくりました。小学校6年生と授業をしました。

神奈川県三浦市にある庚申塔

1―石仏を観察してみる

「かのえさる」の日は眠らない

庚申塔は、どんな理由で建立されたのでしょうか？

造塔理由を刻んだ庚申塔があります。神奈川県三浦市毘沙門《びしゃもん》690番地にある寛文《かんぶん》8(1668)年銘の庚申塔には、こう刻まれています。

「相州三浦郡毘沙門村衆等三十七数毎年六度庚申為避三彭仇各抽丹心摂会修善鶏鳴為明今当結局之辰修造一本之石打一心所」(相州三浦郡毘沙門村の住民三七人は、毎年六度ある庚申の夜、三彭《さんぽう》の仇《あだ》を避けるため、それぞれ誠意をもって集まり、鶏が鳴いて夜が明けるまで行事を修めてきた。いま結願のときにあたり、石塔一基を造立して信仰を表明するものである。)

(松村雄介『神奈川の石仏』、有隣新書より)

この庚申塔には、このほかに七言の詩が記されてあり、「永年特別の願いごとがあって庚申の行事を行ってきたが、今日結縁に到り、果因(三彭)を滅ぼすことができた。石塔の建立も無事に終ったので、これで子孫の繁栄があらたに約束されるだろう」(前掲書)という意味のことが述べられているそうです。

庚申信仰というのは、江戸時代に大流行した民間信仰でした。

旧暦では60日に1度、庚申《かのえさる》の日が巡ってきます。道教の教えでは、この夜、眠ってしまうと、体内にいる三尸《さんし》の虫が体から抜けだし、天に昇り、天帝にその人の日頃のおこないを報告する、そして日頃の善悪により天帝がその人の寿命を延ばしたり縮めたりすると信じられていました。そのため、寿命が縮まらないように、徹夜して三尸の虫が体から抜けでるのを防ごうとしたのです。

庚申の日の夜になると、当番の家に集まり、庚申の主尊である青面金剛《しょうめんこんごう》の掛け軸を掛けた祭壇にお供えをし、お経をあげるなどの厳粛な行事をおこないました。その後は飲食と歓談で夜明けを待ちました。庚申の日は、厳粛なだけでなく楽しい情報交換の場でもあったようです。

農漁村の毘沙門村(現三浦市)では、37人による庚申の行事が数年にわたって続けられたのですが、その目的は、三彭《さんぽう》の仇《あだ》を避けるためでした。三彭というのは、三尸《さんし》の虫と同じものです。庚申の行事の開始にさいして、あらかじめ期間を設定した願掛けをおこないました。期間は3年が多く、7年、13年などもありました。この設定した期間が終わると結願《けちがん》に至り、石塔の造立がおこなわれたのです。

庚申塔から江戸時代の農民や庶民の考え方がみえてきます。かれらは、何を自分の悪行として、三尸の虫を恐れたのでしょうか。これを考えるおもしろい授業ができそうです。

①―庚申塔の写真を見せる

近くにある庚申塔の写真を撮ってきて見せました。神奈川県三浦市高円坊にある庚申塔です。

Q　これは何だろう？　お墓である。○か×か？

「お墓じゃないかなあ」
「そうだ、お墓だよ。お花を入れる場所もあるしさ」
「うちのおばあちゃんが、お花を供えて拝んでいたから、お墓だよ」
「きっとそうだよ」
子どもたちはお墓と判断しました。

②—庚申塔の彫刻を調べる

——この写真（右ページ上）**にはどんな彫刻がある？**

「なんか、仏様みたいなのが彫ってある」
「弓を持ってる」
「矢も持ってるよ」
「手がいっぱいあるよ」
「手が6本もあるから、いろんなもの持ってる」
「お猿さんもいる」
「三猿だ。見ざる、言わざる、聞かざる」
「日光の東照宮で見たよね」
「同じだ」
「にわとりもいる」
「鬼みたいなのが下になってる」

庚申塔には、さまざまな彫刻が刻まれています。
絵にするとこんなだね、と、絵を黒板に貼りました（右ページ下）。一般的にはこのようなものが多いようです。

●庚申塔にある一般的な彫り物

——この仏様は、青面金剛《しょうめんこんごう》というんだよ。

「へえ、しょうめんこんごうというのか」

——下にいるのが邪鬼というんだ。

「悪いことをするから踏んづけられてるの？」

——そう。悪さができないようにしてるね。

「動けないもんね」

子どもたちは、三猿(見ざる・言わざる・聞かざる)の像も見つけました。上部には日と月を彫り、鶏も彫られているものもあります。下部には造立者名なども見られます。ここから、一つひとつの彫られた意味を考えていくことにしました。

③—青面金剛の役割は?

Q　**なぜ、青面金剛を彫ったのだろうか？　金剛の持つものを見て考えよう。**

手には弓、矢、薬の壺などを持っています。

——青面金剛は弓と矢で、何を退治するのかな？

「悪い人をやっつける」
「悪を退治する」

――青面金剛は、病魔・病鬼を払い除くと伝えられているんだよ。庚申信仰という教えの主神なんだ。

「病気をやっつけるのか」
「手に持っている壺に薬が入ってるのかなあ」

――そうだね。薬の壺を持ってるね。

「村のだれかが病気になったのかな」
「村に病気が広がったのかも……」
「疫病！」
　ここで、庚申信仰の話をしました。

――庚申信仰は、江戸時代に農民や庶民に流行した信仰です。60日に一度やってくる、十干《じっかん》の「庚《かのえ》」と十二支の「申《さる》」の重なった庚申の日に、眠らないで徹夜をするんだ。その理由は、その夜、寝入ってしまうと、体内にいる三尸の虫というのが体から出ていってしまう。三尸の虫は天帝のところに飛んでいき、その人がおこなった60日間の善いことや悪いことを天帝に告げ口するんだ。そうすると、天帝はそれをもとに、その人の寿命を延ばしたり、縮めたりすると信じられていたんだ。
　だから、人びとは自分の寿命を縮められないように、庚申の日になると、仲間で集まっていっしょに行事をして、眠らないで夜を明かしたそうだよ。そう信じたのが、庚申信仰だよ。

　子どもたちは不思議そうに聞いていました。
　疑問はいっしょに考えて解いていこうね、とつぎに進みました。

④—三猿と鶏がいるのは、なぜ?

Q　三猿を彫ったのは、なぜだろう?

「これはわかる!　三尸の虫が、天帝に告げ口しないように、見ざる・言わざる・聞かざるの三猿を彫ったと思う」

みんなうなずきます。

猿との関係は諸説あるようで、庚申の「申《さる》」からきたという説や、庶民に身近な山王信仰との習合で、使いである猿が入ったという説、三尸の虫に告げられないように「見ざる・言わざる・聞かざる」に由来するという説などがあります。ここでは、子どもたちの主張でよいと考えました。

Q　鶏《にわとり》が彫ってあるのは、なぜだと思う?

鶏についても、子どもたちは解釈しました。

「夜明けが早くきてほしかった」

「鶏の鳴き声が待ち遠しかった」

と、江戸時代の農民の思いを感じとりました。

鶏は、暁を告げ、時刻を知らせるものとして親しまれ、夜を徹しておこなわれた信仰との関わりからであるとされています。

日や月の彫刻についても、夜を徹することから、日や月への率直な信仰が庚申信仰には含まれたであろうといわれています。

邪鬼は、災いを調伏《ちょうぶく》する青面金剛のシンボルとして、両足の下に1匹ないし2匹、踏みつけられています。このような彫刻の意味も伝えました。

この庚申塔の彫刻も、江戸時代後期になると、「青面金剛」と文字だけ刻まれた庚申塔が増えていきます。資金の問題だったのでしょう。

⑤—年号から造立時期を調べる

Q　庚申塔に造立年号が刻まれています。前述の４つの庚申塔にはそれぞれ「亨保七年」「宝暦九年」「明和三年」「文化八年」と刻まれていました。
　さて、これは何時代でしょうか？

　これは子どもたちが調べるようにしました。
「亨保七年」は1722年、「宝暦九年」は1759年、「明和三年」は1766年、「文化八年」は1811年です。江戸の中・後期にあたります。4つのうちいちばん古い「亨保」は8代将軍吉宗の時代、いちばん新しい「文化」は11代家斉の治世です。
　子どもたちは社会科の資料集などを使って、年代をだしました。学区にある高円坊地区でも、江戸時代に庚申信仰がさかんだったことがわかったのです。

2—江戸の庶民の恐れと願い

⑥—十干・十二支。昔の暦を知る

Q　庚申の日は、何日おきにやってくるのだろう？

「60日っていってたでしょ」

——ほんとかな？　考えてみようよ。

中国古代王朝・殷《いん》の時代（紀元前17世紀頃～11世紀）に、10日を一旬《いちじゅん》と呼び、10日ごとにくり返される日にそれぞれ名前をつけたのが、十干《じっかん》の始まりとされています。

甲《こう》（木の兄・きのえ）、乙《おつ》（木の弟・きのと）、丙《へい》（火の兄・ひのえ）、丁《てい》（火の弟・ひのと）、戊《ぼ》（土の兄・つちのえ）、己《き》（土の弟・つちのと）、庚《こう》（金の兄・かのえ）、辛《しん》（金の弟・かのと）、壬《じん》（水の兄・みずのえ）、癸《き》（水の弟・みずのと）が、十干です。

「甲・乙・丙って、聞いたことある」
「ひいおじいちゃんの通信簿に、甲・乙って書いてあったよ」

——昔、通信簿にも使っていたんだね。

——また古代中国で、惑星のなかでもっとも尊い星と考えられた木星が、約12年で天球を1周することから、天球を12区画に分けて名前をつけたのが、十二支の由来です。

子《ね》、丑《うし》、寅《とら》、卯《う》、辰《たつ》、巳《み》、午《うま》、未《ひつじ》、申《さる》、酉《とり》、戌《いぬ》、亥《い》。

「これは知ってるよ」

——この十干と十二支を組み合わせて、年や日を表したのです。つぎのように組み合わせ、これをくり返すのです。

甲子、乙丑、丙寅、丁卯、戊辰、己巳、庚午、辛未、壬申、癸酉
甲戌、乙亥、丙子、丁丑、戊寅、己卯、庚辰、辛巳、壬午、癸未
甲申、乙酉、丙戌、丁亥、戊子、己丑、庚寅、辛卯、壬辰、癸巳
甲午、乙未、丙申、丁酉、戊戌、己亥、庚子、辛丑、壬寅、癸卯
甲辰、乙巳、丙午、丁未、戊申、己酉、庚戌、辛亥、壬子、癸丑
甲寅、乙卯、丙辰、丁巳、戊午、己未、**庚申**、辛酉、壬戌、癸亥

↓

甲子、乙丑、丙寅、丁卯、戊辰、己巳、庚午、辛未、壬申、癸酉
甲戌、乙亥、丙子、丁丑、戊寅、己卯、庚辰、辛巳、壬午、癸未
甲申、乙酉、丙戌、丁亥、戊子、己丑、庚寅、辛卯、壬辰、癸巳
甲午、乙未、丙申、丁酉、戊戌、己亥、庚子、辛丑、壬寅、癸卯
甲辰、乙巳、丙午、丁未、戊申、己酉、庚戌、辛亥、壬子、癸丑
甲寅、乙卯、丙辰、丁巳、戊午、己未、**庚申**、辛酉、壬戌、癸亥

——庚申《かのえさる》の日は見つかりましたか？　何日後にまた庚申の日になる？

子どもたちは、黒板に貼った表を数えていきました。
「60日後だ」
「そう。60日！」

——そうだね。上の組み合わせをくり返していくので、つぎの庚申の日は60日後、庚申の年は60年後になるね。

子どもたちには、甲子(きのえ・ね)、乙丑(きのと・うし)などの読み方も教えました。

⑦—造立者名の由来を考える

Q　学区（三浦市高円坊）にある庚申塔のひとつには、つぎのような名が刻んでありました。
「伸三良」「庄次良」「彦三良」「源四良」「彦次良」「忠三良」「金兵良」
造立者の名前に、なぜ、「良」という文字がついているのだろうか？

なぜ「良」がついているのか、グループで考えてもらいました。
「みんな兄弟だから、お父さんが全員の名前の最後に“良”をつけたのかな？」
「みんな悪いことをしない良い人だ、っていってるんじゃない？」
「天帝へ、良いおこないを報告してもらいたいからかも」
「わたしも、自分たちは良い民なのだと訴えたのだと思う」
こんな意見がでていました。

——庚申信仰では、3年とか7年とか期間を決めて、庚申の日にみんなで集まり、夜通し眠らないで過ごしたんだね。期間が終わることを満願といって、その記念に庚申塔を建てて祝ったんだね。

「あっ、そうか。満願を終えたから、自分は良民になれたと自信をもって、“良”をつけたのか」という意見もでて、当時の農民の思いを読みとりました。
造立者に「良」がついている庚申塔は一般的には多くなく、名を記したり、村の名を記したものが多いということです。

⑧—人びとは何を恐れたのか

さて、人びとは何を恐れたのでしょうか？

みずからが「悪事をした」と自覚しないと、天帝の怒りを恐れることはないでしょう。では人びとは、どんな悪事をしたのでしょうか？

Q　庚申講に集まった人は、どんな悪事をしたので庚申の日を恐れたのでしょうか？

A　泥棒をしてしまった
B　うそをついてしまった
C　その他

――当時の人は、泥棒してたのかな？

「ぜったいに違う！」と、高円坊地区に住んでいる子どもが即座に否定したので、全員大爆笑！

グループで相談してでてきたのが、

「生き物を殺して食べて生きているので、悪事をしていると自覚していたのだと思う」という意見でした。

子どもながら本質に迫って考えています。

しかし、ことばだけの理解で、江戸時代の人びとの思いを感じたといえるでしょうか？

この問題をもっと深く子どもたちにしみこませたい、深化させたいと考えてきました。

現代のわたしたちは、スーパーで買った肉などを料理に使っているので、みずから鶏を絞めて殺して食べる哀しさを、実感としてもっていません。子どもといっしょに鶏や豚を解体する実践も報告されていますが、それもいまの学校ではきびしそうです。

そんなとき、『いのちの食べかた』(邦題)というDVDと出会いました。原題を『Our Daily Bread』(われらの日々の糧)というこの映画は、わたしたちの食の実情、屠畜《とちく》の現場を淡々と映しだしています。これを子どもたちと見ることには大きな意義があるだろうと思います。

2008年にDVDとして発売されています。子どもたちが残酷と感じる場面もありますので、ぜひ、大人のみなさんが事前に見て、子どもたちに見せるかどうか考えてください。

このDVDにかぎらず、なんらかのかたちで「原罪意識」というものに出会わせたいと思います。

⑨—三猿は日本独自のもの？

Q 「見ざる、言わざる、聞かざる」の三猿は、日本独自のものだろうか？

「三猿は日光の東照宮にあったよ」
「きっと日本独自のものだよ」
「いや、中国からきたのかな。孫悟空なんか中国だもの」

——庚申塔には三猿が欠かせないものになっていますが、三猿は古代インドで生まれ、東南アジア、中国に広まり、それがやがて日本に入ってきて、鎌倉時代以降には絵画や彫刻の題材になったとのことです。だから、インドにも東南アジアにも三猿があるそうです。

「ええっ、そうなんだ！」

エミル・シュッテンヘルム氏という人が、スイスのチューリッヒに住んでいます。30年近くも世界中の三猿を集めているそうです。ヨーロッパでは三猿は、厄除《やくよ》けをしてくれることから、“三賢猿”（the three wise monkeys）と呼ばれているそうです。彼の収集した三猿の像は2000点以上になっているそうです。

わたしはその一部を、インターネットの「鎌倉の庚申塔の調査」で見ることができました。アフリカの三猿も楽しいですよ。子どもたちに各国の三猿を紹介したら、とても喜んで、「三猿は世界中にあるんだね」と納得していました。

●各国の三猿

タイ

スイス

カメルーン

イタリア

中国

コンゴ

エミル・シュッテンヘルム所蔵　Emil Schuttenhelm（http://www.three -monkeys.info/）

⑩—ほかにもあった、庚申の日のタブー

朝まで眠らないでいるこの庚申の日には、ほかにも禁じられていることがありました。

江戸時代に、こんな川柳が残されています。

「庚申はせざるをいれて四猿なり」

どんなことを表している川柳でしょうか？

「庚申をあくる日聞いて嫁困り」

こんな川柳をよむと、わかってきますね。庚申の夜は、夫婦の和合も慎むものとされていたのです。

また、こんな川柳もあります。

「泥棒の子も出来ようと姑言い」

庚申の日にセックスをしてできた子は泥棒になる、という俗説があったのです。石川五右衛門の両親は、庚申の夜に契《ちぎ》ったので、大泥棒の五右衛門が生まれたといわれたのです。

Q　庚申の日に、お父さんとお母さんが仲よくして赤ちゃんができると、その子は(　　　　　　)といわれていた。さて、どうなる？

A　天下をとる

B　大金持ちになる

C　大泥棒になる

この話は、子どもたちの年齢に応じて紹介してください。わたしは、小学生には省略し、大学生には川柳もいっしょに紹介して、江戸の思いを共有しました。

⑪—グループでディスカッション

Q　江戸時代の農民や庶民が、庚申塔をとおして、わたしたちに伝えているメッセージは何だろう？　グループで話し合おう。

子どもたちがグループで考えたのは、こうしたことでした。
「人間は、動物や植物から命をもらって生きているのだから、その罪のことを知っておかないといけないと伝えている」
「食べ物を大事にしなさいといっている」
「好き嫌いをいわないで感謝して食べなさいといっている」

さて、明治時代になると、明治政府が庚申信仰を迷信と位置づけて、街道筋に置かれていた庚申塔を中心に、撤去を命じたそうです。また、道路の拡張工事などで姿を消したり、移転されたりしたものもたくさんあったようです。

地域に残っている庚申塔は、江戸の農民や庶民の心をいまもわたしたちに伝えてくれています。みなさんも授業してみませんか。

［参考資料］
松村雄介『神奈川の石仏』（有隣新書）
内澤旬子「食料はいかに『生産』されるか」、『世界』2008年5月号所収（岩波書店）
ニコラウス・ゲイハルター＝監督、DVD『いのちの食べかた』（紀伊國屋書店）
インターネット→「鎌倉の庚申塔の調査報告」→「鎌倉の庚申塔について」
http://www.kCn-net.org/koshin/index.html
［三猿写真提供］エミル・シュッテンヘルム
日本語サイト　http://www.kcn-net.org/koshin/sanen/index.html
英語サイト　http://www.three-monkeys.info/

この授業について

避難訓練で集団下校するとき、引率していた子どもたちから、「これ、お墓？」と庚申塔の前で尋ねられました。これが、授業をつくる出発点でした。

中国の庚申信仰が平安時代に日本に伝わり、貴族のあいだで流行します。それが江戸時代になると庶民の信仰として根付いていきました。

60日に一度めぐってくる庚申の日には、農民は集まって、ひと晩眠らないで過ごしました。眠っているあいだに三尸の虫が天帝に日頃のおこないを報告し、寿命を縮められるのを恐れたのです。

庚申の日に眠らないで過ごし、長命を願うという信仰は、江戸時代の農民が、動植物の命を奪ってみずからの命を支えてもらっているという罪の意識をもち続けていたことを物語ります。「原罪」の意識を共有することは、村落共同体としてのつながりを深めました。庚申講の場は、農作業の情報交換や生活コミュニケーションの場でもありました。

「校長室便り」でこの授業内容を伝えたら、夏休みの自由研究に、親子で地域の庚申塔マップをつくってきた子どもがいました。学びは親子の結びつきも強めますね。

授業のためのワンポイント

●―なによりもフィールド・ワークが大切です。

ぜひ、子どもたちと庚申塔を見てください。地域を探検すると、いくつもの庚申塔が見つかると思います。庚申塔を観察し、各自、スケッチするのもいいですね。スケッチしながら庚申塔の疑問を考えることが、学びにつながっていきます。

●―庚申塔の写真を教室に貼っておくのも有効です。

子どもたちが地域にある庚申塔を探して、写真を撮ってくる。それを学区の地図に貼りつけていくことで、「庚申塔マップ」ができあがります。たくさんの庚申塔があることがわかりますよ。

「婦人参政権」の授業
——法案成立までの議会を演じて学ぶ

明治時代、女性は結婚すると法律上「無能力者」とされ、財産権も親権もなく、選挙権もありませんでした。女性の参政権が帝国議会に議案としてとりあげられたのは、1925（大正14）年のことです。しかし、法案成立は戦後の1945（昭和20）年、えんえんと論議が続く長い道のりでした。

大正から昭和にかけての帝国議会の議事録をもとに、当時の男性議員たちの論議を、生徒みずからが演じて学ぶ授業をつくってみました。婦人参政権成立の苦難の道を追体験することは、大きな意味をもつと思います。中学3年生と授業をした記録です。

女性が参加した初の総選挙で
39人の女性議員が誕生（1946年5月16日）
毎日新聞社提供

1―明治民法下の女性たち

明治末期にわきあがった女性たちの声

足袋つぐやノラともならず教師妻

これは女性俳人・杉田久女《ひさじょ》の有名な句です。

教師のわたしは、貧しさにたえて足袋を繕《つくろ》う教師妻のリアルな心境に感動しました。ノラというのは、イプセンの戯曲作品『人形の家』の女主人公です。3人の子どもをもつ母親のノラが家出をする物語は、1911(明治44)年に松井須磨子《すまこ》が演じると、日本でも大評判になりました。家にしばられた結婚や、古い因習にたえてきた女性たちの共感を呼んだのです。

同時期に創刊された雑誌『青鞜《せいとう》』は、女性ばかりでつくった女の雑誌として、これまた反響を呼びました。平塚らいてうは、つぎのような主旨の文章を『青鞜』に書いています。

> 元始、女性は太陽であった。真正《しんせい》の人であった。いま、女性は月である。他に依って生き、他の光によって輝く、病人のような蒼白い顔の月である。……わたしどもは、かくされてしまったわが太陽を、いま、とり戻さなければならない。もはや女性は月ではない。

平塚らいてうのことばは、いままでの女性のおかれた生活に満足できない、現状を打破したいと何かを求めていた若い人たちに、共鳴と歓喜と希望を与えたといいます。

こうした女性の叫びは、世間の関心を高めましたが、1925(大正14)年に成立した普通選挙法では、25歳以上の男性すべてに選挙権が与えられたにもかかわらず、女性には与えられませんでした。

この帝国議会では、女性の参政権は議論されなかったのでしょうか？
イギリスでは1918年に、21歳以上の男性と30歳以上の女性に選挙権を与えた普通選挙がおこなわれています。日本の女性参政権問題はどうなっていたのか、もし帝国議会に提案されていたとしたらどんな反対があったのか、知りたいと思いました。

女性の地位と選挙権を考える

1898(明治31)年につくられた明治民法下の女性は、不平等の下におかれました。明治民法14条で、妻は法律上、「無能力者」であると規定されていたのです。
人は20歳になると、単独で、訴訟をおこしたり、土地や建物を売買することができるなど、法律上の行為をすることができます。これが「行為能力」といわれるものです。男性も女性も成人になれば「行為能力」があるのですが、女の人は、結婚して妻になると、行為能力がないとされたのです。
夫は妻の財産を管理し、その収益権をもちました。子どもの親権者は父親であり、妻は子どもを産むが、その子どもについての権利は夫がもったのです。結局、結婚とは、「女が男のものになる」ことであるということを、明治民法の条文がはっきり裏付けていたのです(福島瑞穂『結婚と家族』、岩波新書)。
こうしたなかでの、男性のみの普通選挙法成立だったのでした。

帝国議会での婦人参政権を調べていて、すばらしい本と出会いました。安井俊夫著『子どもの目でまなぶ近現代史』(地歴社)です。
安井さんは、子どもの目線で疑問を追求しています。「国会ではどんな理由をあげて、女に選挙権をもたせないといったのか」という疑問を、帝国議会史議事速記録などを調べて追求しています(前掲書所収「普通選挙法」)。この安井さんの調査を使わせていただいて、授業をやってみることにしました。
生徒がわかるように、議員の発言を少し現代ふうのことばづかいに変えました。また、発言は抜粋です。

明治時代の女性は、政治集会に参加していた?

ここからは授業のようすです。まず、クイズから。

Q 明治時代、女性は政治を話題にする集会に参加できたか?

A 自由に参加できた

B 禁止されていて参加できなかった

C 夫といっしょなら参加できた

「当然、参加できたでしょ」
「当たりまえだよ」
「でも、明治時代だよ。できたかなあ?」
「いや、ぜったいできたって」

生徒たちは当然のように、Aであると考えました。

しかし、治安警察法第5条に「左に掲《かかげ》る者は政事上の結社に加入することを得ず」として、女性がその対象でした。さらに「女子及び未成年者は公衆を会同する政談集会に会同若《もしく》はその発起人たることを得ず」と、集会・結社の自由を封じられていたのです。そのため、帝国議会で最初に婦人参政権が提起されたのは、治安警察法の改正要求としてです。

生徒たちは驚きました。
「えっ、それってひどくない?」
「どうして、女性が集会に行っちゃいけないの。おかしいよ」
と、女子生徒は不満顔です。
「女はこれでいいのだ」と男子生徒がからかうと、
「なにっ!」
「いま、なんていったあ」
「おぼえてろよ」と、女子はカンカンでした。

1907(明治40)年になって、集会参加の自由のみ、衆議院で改正案を可決しますが、貴族院で否決されてしまいます。

1919(大正8)年、市川房枝らの新婦人協会は各政党に陳情工作をおこないました。しかし国民党の押川方義《まさよし》議員からは、「婦人が参政権を得ると国が亡びる。たとえ与えられたとしても、婦人側から辞退するべきだ」という厳しいことばを浴びせられました。

この話をすると女子たちは、

「どうして、婦人に参政権があると、国が亡びるのよ」

「どうして、辞退しないといけないのさ」

「この議員、狂ってるよ」と憤慨しました。

婦人参政権の審議は、いつ始まった?

Q　女性の参政権は、帝国議会では提案されたのでしょうか?

A　昭和になり、戦後、日本国憲法が成立するまで提案されなかった

B　何度も提案された

「これはAだな。女性差別があったよ。ぜったい!」

「いままでの話だと、当然、女性はしいたげられてたと思うな」

「そうかな? そんなことないって。提案した議員もいたって信じたいよ」

「外国から批判されたんじゃないの。早く女性の参政権を成立させなさいって」

「でも、明治時代は家父長制が強かったというよ」

「なあに、家父長制って?」

ここで家父長制について説明しました。

「じゃ、やっぱりAだな」

生徒たちの多数がA、少数がBに分かれました。

——1925（大正14）年の第50帝国議会で、婦人参政権（選挙権・被選挙権）建議案が衆議院に上程されています。

「えっ、提案されてたの」
「Bなのか」

——そのときのようすをクラスで再現してみよう。3人、前にでてくれない？

3人に議長などの配役をわりふって、台詞《せりふ》を渡しました。それぞれ議員らしく演じてもらいました。

議長《ぎちょう》……これより婦人参政権《ふじんさんせいけん》の建議案《けんぎあん》の審議《しんぎ》をおこないます。提案《ていあん》をお願《ねが》いします。松本君平君《まつもとくんぺいくん》。

提案者《ていあんしゃ》／松本君平議員《まつもとくんぺいぎいん》……欧州《おうしゅう》では婦人《ふじん》が参政権《さんせいけん》を得《え》て、国民《こくみん》の政治的活動《せいじてきかつどう》に、その国の婦人《ふじん》の知識《ちしき》、感情《かんじょう》、思想《しそう》が織《お》りこまれて、政治《せいじ》が新《あたら》しい文明《ぶんめい》の建設《けんせつ》のために、人類《じんるい》の進歩《しんぽ》のために、驚《おどろ》くべき貢献《こうけん》をしていると思います。日本でもそれをぜひ実現《じつげん》すべきであると提案《ていあん》します。

議長《ぎちょう》……いまの提案《ていあん》についての意見《いけん》をもとめます。
（議長《ぎちょう》との声《こえ》） はい、吉良元夫君《きらもとおくん》。

反対《はんたい》／吉良元夫議員《きらもとおぎいん》（大分《おおいた》）……わたしは反対《はんたい》です。わたしはこの婦人参政権問《ふじんさんせいけんもん》題《だい》の演説《えんぜつ》を謹《つつし》んで聴《き》きにでかけたことがあるのですが、どうにも驚《おどろ》き入《い》った方々《かたがた》が多いのです。そうしてその方々《かたがた》は、私行《しこう》の点《てん》においてまことに尊敬《そんけい》すべき方々《かたがた》であるならば、われわれは深《ふか》く謹《つつし》んで尊敬《そんけい》して御説《おせつ》を聴《き》くかもしれませぬが、ことごとくとは申《もう》しませんけれども、その大部分《だいぶぶん》は不品行《ふひんこう》、ふしだら、じつにわれわれはこれを聞くのに身《み》の毛も凍《こお》るような次第《しだい》であるのです。

この反対論には、
「なに、この反対意見。意見になってないよ」
「国会議員でも、こんな中傷のようなひどいこというんだね」
と、生徒たちはあきれていました。

Q　**さて、この婦人参政権はどうなっただろうか？**
　A　衆議院で否決された
　B　衆議院で可決され、貴族院へ送られた

「きっと否決だよ」
「あんなひどい議員がいるものね」
しかし、答えはB。生徒たちの「否決された」という予想に反して、この衆議院では婦人参政権案は可決されたのです。
「えっ、うそお！」
「すごい!!」
しかし、貴族院では審議未了となり、不成立に終わりました。
「やっぱり」

男子25歳以上に普通選挙権が与えられたこの年に、婦人参政権は衆議院を通ったものの、貴族院で阻まれたことがわかりました。
「貴族院ってむかつくね」と憤慨する生徒。
その後、この問題は「婦人公民権の問題」として、毎回の帝国議会で議論されることになっていきます。また、この時点の婦人公民権とは、地方自治体、とくに市町村での選挙権・被選挙権を内容としたものだったのです。

2—昭和初期の議会を再現！

昭和4年・第56帝国議会

1929(昭和4)年・第56帝国議会では、婦人の地方自治体の選挙権を審議するなかで、つぎのような意見がだされています。ここはグループで、役割分担して読みあってもらいました。

反対《はんたい》／大橋亦兵衛議員《おおはしまたべえぎいん》……そもそも男女が平等《びょうとう》であるという前提《ぜんてい》が誤《あやま》っていると思う。同じ教育《きょういく》をしても、男子のほうが優秀《ゆうしゅう》である。さらに女子のもっとも得意《とくい》とする、伝統的《でんとうてき》にも上手《じょうず》であらねばならない手芸《しゅげい》でも、裁縫《さいほう》のようなものでも、遊芸《ゆうげい》のようなものでも、割烹《かっぽう》(りょうり)のようなものでも、男子がこれをやる者《もの》があれば、女子はとうていこれに及《およ》ばぬのであります。これは先天的《せんてんてき》に女子の能力《のうりょく》と男子の能力《のうりょく》とに違《ちが》いがあるということを証明《しょうめい》している。とするならば、この選挙権《せんきょけん》を付与《ふよ》するうえにおいて、男子と同様《どうよう》にはいかないと思う。したがって、わたしは反対《はんたい》します。

賛成《さんせい》／西岡竹次郎議員《にしおかたけじろうぎいん》……わたしは賛成《さんせい》であります。婦人公民権《ふじんこうみんけん》の提案《ていあん》は、天《てん》賦人権論《ぷじんけんろん》の立場《たちば》からではなく、実際《じっさい》の生活《せいかつ》の事実《じじつ》の立場《たちば》からのものであると思います。米価《べいか》・道路《どうろ》・水道《すいどう》・ガスなど経済問題《けいざいもんだい》、さらには教育問題《きょういくもんだい》に女性《じょせい》が関《かか》わることを求《もと》めるものです。

反対《はんたい》／土屋清三郎議員《つちやせいざぶろうぎいん》……夫《おっと》の命令《めいれい》に従《したが》わぬような不都合千万《ふつごうせんばん》な女がこのごろ少しいるけれども、しかしわが国の元来《がんらい》からいうならば、多くの細君《さいくん》(おくさん)は亭主《ていしゅ》の命令《めいれい》に従《したが》っているはずであります。亭主《ていしゅ》があれこれいおうが俺《おれ》は俺《おれ》であるというような、不届《ふとど》き至極《しごく》なことをいうような女は、将来《しょうらい》、わが国において絶《ぜつ》滅《めつ》させたいと思うのであります。かかるわが国の習慣《しゅうかん》なり状況《じょうきょう》なりにおいて、はたして女というものが、男と同じに社会上《しゃかいじょう》の常識《じょうしき》が得《え》られておりますか。

以上《いじょう》の理由《りゆう》により、わたしは反対《はんたい》します。

生徒たちは、役を楽しんで演じました。

「夫の命令に従えだって」
「絶滅させたいって」
「いまとだいぶ違う」
「そうとう男尊女卑だよね」
「女子の能力が劣っているなんて、平気でいってるよな」
「だから、おれがいつもいってるように、女は男より劣ってるんだよう」
「まだこりないの？　授業が終わったら泣くよ」
「あっ冗談、冗談。ゆるして」(笑)
「でも、賛成意見の人、かっこいいな」
「そうそう、すてき！　議員でも、すてきな人もいたんだね」

しかし、この帝国議会では、衆議院段階で否決されたのでした。

昭和5年・第58帝国議会

翌年の1930(昭和5)年。この議会では、政府(浜口内閣)みずからが婦人参政権を提案しました。この提案のようすから、グループで演じてもらいました。

議長《ぎちょう》……これより婦人公民権《ふじんこうみんけん》の審議《しんぎ》をおこないます。政府《せいふ》から提案《ていあん》をお願《ねが》いします。

提案《ていあん》／政府委員《せいふいいん》……立憲政治《りっけんせいじ》が民意《みんい》による政治《せいじ》であり、議会《ぎかい》が国民《こくみん》の反映《はんえい》である以上《いじょう》は、なぜに国民《こくみん》の約半数《やくはんすう》を占《し》めておる婦人《ふじん》に対《たい》して、この権利《けんり》を与《あた》えないのでしょうか。与《あた》えるべきと考えますので、審議《しんぎ》をよろしくお願いします。

衆議院議長《しゅうぎいんぎちょう》……それでは、婦人公民権《ふじんこうみんけん》を委員会《いいんかい》に付託《ふたく》いたします。

Q　委員会審議ではどうなった？

A　賛成論が多く、可決した

B　反対論が多く、否決した

「きっと、また否決だね」
「わたしもBだと思う」
「バカな議員が、また反対したよね」

生徒たちはBの否決を予想しました。

つづいて委員会審議のようすも、グループで配役を決めて演じました。各グループ、楽しそうに役を決めていました。

末松信一郎《すえまつしんいちろう》委員長《いいんちょう》……それでは委員会《いいんかい》を開会《かいかい》します。婦人公民権《ふじんこうみんけん》について審議《しんぎ》をおこないます。意見《いけん》のある方《かた》の挙手《きょしゅ》をもとめます。
(「はい」との声) 林《はやし》 平馬《へいま》君《くん》。

反対《はんたい》／林《はやし》 平馬《へいま》議員《ぎいん》……わたくしどもが見るところでは、今日《こんにち》、女子が熱心《ねっしん》に運動《うんどう》をしているとは、毛頭《もうとう》思われないのであります。ほとんど同じような顔ぶれの人が、同じような数において、一定《いってい》の運動《うんどう》を続《つづ》けているのであって、女子国民《こくみん》あげてこれを熱望《ねつぼう》するというようなふうには、とうてい認《みと》められないのであります。わたしは反対《はんたい》です。

末松信一郎委員長……ほかに意見《いけん》をもとめます。深見《ふかみ》 清《きよし》 君《くん》。

賛成《さんせい》／深見《ふかみ》 清《きよし》 議員《ぎいん》……わたしは賛成《さんせい》であります。総選挙《そうせんきょ》のころでも、たいがい聴衆《ちょうしゅう》の3分の1は婦人《ふじん》であります。同じ顔というのは東京《とうきょう》などのことで、真《しん》剣《けん》に、地方《ちほう》における婦人《ふじん》の要求《ようきゅう》は熾烈《しれつ》なることを認《みと》めているのであります。

末松信一郎委員長……さらに意見《いけん》をもとめます。西岡竹次郎君《にしおかたけじろうくん》。

賛成《さんせい》／西岡竹次郎議員《にしおかたけじろうぎいん》……わたしも賛成《さんせい》であります。この婦人公民権《ふじんこうみんけん》は全国《ぜんこく》から秩序的《ちつじょてき》に、ほとんど全国一県残《ぜんこくいっけんのこ》らず、多数の人が誓願《せいがん》をいたしております。認《みと》めるべきです。

末松信一郎委員長……ほかに意見《いけん》をもとめます。山桝儀重《やまますのりしげ》君。

賛成《さんせい》／山桝儀重議員《やまますのりしげぎいん》……わたしも賛成《さんせい》します。婦選獲得同盟《ふせんかくとくどうめい》は、全国《ぜんこく》に多数の会員《かいいん》をもっているのです。

末松信一郎委員長……ほかに意見《いけん》をもとめます。林平馬《はやしへいま》君。

反対《はんたい》／林平馬議員……婦人《ふじん》の参政権《さんせいけん》を得《え》たいと思うものは、ひとりもいないといってもよろしい。今日はどうすれば食《く》っていけるかという生活《せいかつ》についての苦《く》労《ろう》を、早く解決《かいけつ》してもらいたいという希望《きぼう》は熱烈《ねつれつ》なものがありますけれども、なんとかして一票《いっぴょう》の選挙権《せんきょけん》をほしいと望《のぞ》んでおるものなどは、少なくともわたしの選挙区《せんきょく》には、ひとりもないといってもよろしい。

賛成《さんせい》／末松信一郎議員（委員長）……わたしは賛成《さんせい》です。かりに輿論《よろん》がいま十《じゅう》分《ぶん》でないといたしましても、婦人《ふじん》の参政権《さんせいけん》を与《あた》えることは、正義《せいぎ》の観念《かんねん》および真理《しんり》という点《てん》において、たとえ要求《ようきゅう》がなくてもこれを与《あた》えるべきものであると存《ぞん》じます。

反対《はんたい》／林平馬議員……男女同権《どうけん》と考《かんが》えることも、ひじょうに間違《まちが》っている。男子は指導的《しどうてき》・計画的《けいかくてき》な性能《せいのう》をみずからもっている。女子はどうしても、計画的《けいかくてき》であるとか指導的《しどうてき》であるとかいうのでなく、受動的性質《じゅどうてきせいしつ》のものであって、政治《せいじ》のようなもっとも指導的《しどうてき》な、活動的《かつどうてき》な方面《ほうめん》には適《てき》さないものであると思う。

賛成《さんせい》／末松信一郎議員（委員長）……1年に1回くらいの投票《とうひょう》をやることによって、男女の性能《せいのう》の根本問題《こんぽんもんがい》に憂《うれ》いを抱《いだ》くことはまったく杞憂《きゆう》であることは、世《せ》界《かい》の実例《じつれい》においても認《みと》められているのです。

反対《はんたい》／林平馬議員……われわれ男性《だんせい》も、学校なり役場《やくば》なりの投票所《とうひょうじょ》へ行くときには、羽織《はおり》・袴《はかま》を着《き》てまいりますが、ことに女子においてそうであると思います。選挙《せんきょ》に行くたびに準備《じゅんび》して足袋《たび》を買う、着物《きもの》を買う、子どもを抱《だ》いて行くにはその子どもの着物《きもの》の用意《ようい》をするということは、国家《こっか》をあげてそのために消費《しょうひ》するものは、かなり大きなものになろうと思います。この経済的打撃《けいざいてきだげき》というものは、犠牲《ぎせい》にしてよろしいものでありましょうか。わたしはあくまで反対《はんたい》です。

賛成《さんせい》／末松信一郎議員（委員長）……ドイツの第《だい》1回婦人参政権《ふじんさんせいけん》での総選挙《そうせんきょ》では、ベルリンでは146か所《しょ》の投票所《とうひょうじょ》ができていて、2町《ちょう》も行けば投票所《とうひょうじょ》がある。それですから、女でも労働者《ろうどうしゃ》でも、簡単《かんたん》に投票《とうひょう》ができる。けっして立派《りっぱ》な着物《きもの》など着《き》ていかないのです。

反対《はんたい》／林平馬議員……では、夫《おっと》が甲《こう》の政党《せいとう》に熱心《ねっしん》にしているときに、妻《つま》が乙《おつ》の政党《せいとう》に熱心《ねっしん》にすることがあれば、どうしても夫《おっと》は、妻《つま》に説明《せつめい》して、甲《こう》のほうに賛成《さんせい》するように話をする。そうすれば、そこに違反《いはん》がおこると思うのです。

賛成《さんせい》／末松信一郎議員（委員長）……実際上《じっさいじょう》において、そういう実例《じつれい》は、各国《かっこく》においておこってはおりません。

末松信一郎委員長……それでは採決《さいけつ》にうつります。賛成《さんせい》の諸君《しょくん》の起立《きりつ》をもとめます。（賛成議員《さんせいぎいん》は起立《きりつ》）

末松信一郎委員長……賛成多数《さんせいたすう》。可決《かけつ》されました。それでは可決《かけつ》のむね本会議《ほんかいぎ》に報告《ほうこく》いたします。

「わあ、賛成する議員が多くなった」

「なんか進歩してきたね」
「この林平馬って議員は、なあに？」
「女の人を見下してるね」
「こんな男の人がたくさんいたのかもね」
「可決されてよかったね」
「でも、まだ委員会だよ」

Q　**衆議院本会議では、どうなったのだろうか？**

A　可決された

B　否決された

「当然、可決されたでしょ」
「やっと、選挙権が女性にくるんだ」
生徒たちは、自分が演じてきたので興奮ぎみに、全員が可決と予想しました。
予想どおり、衆議院では、婦人公民権案は可決されました。しかし、このあと貴族院で審議未了となり、不成立になったのでした。
「貴族院って、ナニサマだよ！」
「特権階級だからいばってるよな」
「貴族院なんかいらないよ」
生徒たちは貴族院に反発を感じたようです。
このとき1930(昭和5)年。アメリカでは、男性が1870年、女性は1920年に普通選挙法が実施されており、ドイツでは1919年に、男女とも普通選挙法が実施されています。
「貴族院がこんなじゃ、いくら衆議院で可決してもダメかも……」というつぶやきがもれました。

昭和6年・第59帝国議会

さらに1931(昭和6)年。ここでも婦人公民権案が、ふたたび上程されました。

しかし、このときは、「女性に公民権を与えるのに、夫の同意を必要とする」という政府提案がなされたのです。

これについても、またグループで配役を決めて演じました。どのグループも上手になっていきます。ここでの「反対」意見は、上の政府提案に対する反対です。

議長《ぎちょう》……それでは、婦人公民権《ふじんこうみんけん》の審議《しんぎ》を始《はじ》めます。政府《せいふ》の提案《ていあん》をお願《ねが》いします。

提案《ていあん》**／安達謙蔵内務大臣**《あだちけんぞうないむだいじん》……女子に公民権《こうみんけん》を付与《ふよ》するにあたりましても、これと家族制度《かぞくせいど》や夫婦生活関係《ふうふせいかつかんけい》につきましては、とくに慎重《しんちょう》なる考慮《こうりょ》をはらい、私《し》法関係《ほうかんけい》において特定《とくてい》の行為《こうい》については、妻《つま》は夫《おっと》の同意《どうい》を要《よう》するものとするように、自治制度《じちせいど》の関係《かんけい》におきましても、妻《つま》が市町村《しちょうそん》の名誉職《めいよしょく》を担任《たんにん》するにつきましては、夫《おっと》の同意《どうい》を得《え》るを要《よう》することとし、公民《こうみん》としての義務《ぎむ》と、私生活《しせいかつ》における関係《かんけい》とのあいだに調和《ちょうわ》を保《たも》たんと期《き》しました。よろしくご審議《しんぎ》ください。

議長《ぎちょう》……では、意見《いけん》をもとめます。星島二郎君《ほしじまじろうくん》。

反対《はんたい》**／星島二郎議員**《ほしじまじろうぎいん》……民法《みんぽう》では妻《つま》を無能力者《むのうりょくしゃ》として、未成年《みせいねん》や準禁治産《じゅんきんちさん》者《しゃ》と同じに扱《あつか》っております。これはほんとうの家庭《かてい》の平和《へいわ》、夫婦《ふうふ》の一致和合《いっちわごう》からおきた思想《しそう》からではなく、女子をいわゆる奴隷的《どれいてき》にみた思想《しそう》が残《のこ》っておるのではないでしょうか。わたしは反対《はんたい》です。

反対《はんたい》**／中谷貞頼議員**《なかたにさだよりぎいん》……婦人《ふじん》にも公民権《こうみんけん》を与《あた》えるがごとくみせながら、公法《こうほう》上《じょう》の権利《けんり》、その名誉職《めいよしょく》(首長《しゅちょう》·議員《ぎいん》)の当選《とうせん》に際《さい》しまして、夫《おっと》の同意《どうい》を要《よう》するがごとき、すなわち公権《こうけん》を、夫《おっと》たる私権《しけん》をもって制限《せいげん》せんとするがごときところに、かえって女の権利《けんり》を侵害《しんがい》し、女を侮辱《ぶじょく》するものとなっております。わたしは反《はん》対《たい》です。

――政府の提案は「妻の立候補には夫の同意が必要だ」というものだから、それは女性の真の独立につながらないと、議員から反対されているね。

「反対して当然だよね」

「夫に許しをもらうなんて、おかしいよ」

生徒たちも反対意見に納得でした。しかし、衆議院本会議では、この点も修正されずに可決され、貴族院に付されたのです。

「訂正しなかったんだ……」

つぎに、貴族院本会議のようすもグループで演じてもらいました。

貴族院議長《きぞくいんぎちょう》……婦人公民権《ふじんこうみんけん》についての意見《いけん》をもとめます。井田磐楠君《いだいわくすくん》。

反対《はんたい》**／井田磐楠議員**《いだいわくすぎいん》……女子がそうして次《つぎ》から次《つぎ》へと権利《けんり》を主張《しゅちょう》して、一歩一歩とまっすぐに無限《むげん》の直線《ちょくせん》を彼方《かなた》に歩むことになる。そうすると、女子の職業《しょくぎょう》は男子に一致《いっち》してまいります。換言《かんげん》すれば、女性《じょせい》を没却《ぼっきゃく》しての男性化《だんせいか》であります。女子の機械化《きかいか》であります。女子は産児制限《さんじせいげん》を超《こ》えて、産児分娩《さんじぶんべん》を拒否《きょひ》することになります。（中略）

しかして権利《けんり》はあくまでも主張《しゅちょう》し、獲得《かくとく》するが、義務《ぎむ》はいかがであるか。義《ぎ》務《む》にいたっては、婦人《ふじん》の与《あた》えられたるところの自然《しぜん》の義務《ぎむ》というものに、だんだん一歩一歩、遠《とお》ざかってしまうのではないか。わたしは反対《はんたい》である。

反対《はんたい》**／紀俊秀議員**《きいとしひでぎいん》……婦人《ふじん》は子どもを産《う》むということが大いに使命《しめい》になっております。子どもが胎内《たいない》にいるときには、胎内教育《たいないきょういく》を施《ほどこ》さなければならない。生まれてから3年は乳《ちち》を飲《の》まさなければならない。それから20歳《さい》くらいになるまでは、とうてい教養《きょうよう》に暇《ひま》がない。一方《いっぽう》、夫《おっと》の面倒《めんどう》をみなければならぬ。夫《おっと》を慰《なぐさ》めなくてはならないという職分《しょくぶん》をもっているのでありますから、自分《じぶん》が公職《こうしょく》に携《たずさ》わることは、むろんできないことであります。（中略）

もし婦人《ふじん》が公民権《こうみんけん》を得《え》なければ、婦人《ふじん》の天職《てんしょく》をまっとうしない、男といっしょに並《なら》んでいくことができないということならば、なにゆえに兵役《へいえき》の義務《ぎむ》には服従《ふくじゅう》しないのかという疑問《ぎもん》がおこってくるのであります。それは体格《たいかく》・体質《たいしつ》から男子でなければならないとおっしゃるでしょうが、婦人《ふじん》にしてできうべからざる公民権《こうみんけん》を得《え》ようとするのであれば、婦人《ふじん》も兵役《へいえき》に服《ふく》しなければならないと思うのであります。わたしは反対《はんたい》であります。

議長……さらに意見《いけん》をもとめます。有馬頼寧君《ありまよりやすくん》。

賛成《さんせい》／有馬頼寧議員《ありまよりやすぎいん》……婦人《ふじん》が公民権《こうみんけん》をもち、政治《せいじ》に関係《かんけい》していくようになれば、現在のゆきづまった日本の政治《せいじ》を革新《かくしん》するうえにおいて、もっともよい方法《ほうほう》になると思う。わたしは賛成《さんせい》です。

「反対意見が多いね」
「やっぱり、貴族院のほうが男尊女卑だよね」
「少しも変わってない」
「なんか、悲しくなる」

Q　**このような議論のすえに貴族院は採決をおこなったが、結果は？**
A　大差で否決された　　B　小差で否決された
C　小差で可決された　　D　大差で可決された

生徒たちはAの「大差で否決」と予想しました。
予想どおり貴族院の採決では、62対184という大差で否決したのです。

「夫の同意まで譲ってるのに、否決するんだね」
「貴族院って、超おかしいよ」
「男尊女卑で凝り固まってるね。つける薬がないなあ」と話していました。

このあと日本は、戦争の時代に入っていきます。女性参政権の問題は棚上げされ、敗戦を迎えました。

3―敗戦後の審議のようす

昭和20年12月・第89帝国議会

――では、敗戦後の1945(昭和20)年、第89帝国議会のようすをみることしよう。

「戦争に負けたのに、まだ帝国議会なの？」

――新しい日本国憲法が制定されるまえなので、まだ帝国議会が開かれているんだよ。

「ああ、そうなのか」

Q　敗戦後の女性参政権の議論では、意見に変化があったのだろうか？
　A　いままでどおり、男尊女卑の反対論があった
　B　敗戦したので、男尊女卑の意見がなくなった

「戦争に負けたのだから変わったよ、きっと」
「やっぱり変化したと思う」
「威勢のいい男尊女卑の議員も、戦争に負けて落ち込んでるな」
“敗戦のショックで意識が変わったと思う”という考えが、生徒たちには多くありました。
　この議会のようすは、各自プリントを読んでもらいました。

議長《ぎちょう》……これより女性参政権《じょせいさんせいけん》の審議《しんぎ》を始《はじ》めます。政府《せいふ》、提案《ていあん》をお願《ねが》いします。

提案《ていあん》／幣原首相《しではらしゅしょう》……いまや国家非常《こっかひじょう》の秋《とき》において、内外《ないがい》の情勢《じょうせい》にかんがみ、事《じ》

態《たい》の急転《きゅうてん》に際《さい》して、男女を問《と》わず、いやしくも政治的自覚《せいじてきじかく》と能力《のうりょく》に欠《か》けるところなき者《もの》は、ことごとくこれに参政《さんせい》の権能《けんのう》と責任《せきにん》を与《あた》え、真《しん》に民主的《みんしゅてき》な議会《ぎかい》政治《せいじ》の確立《かくりつ》を期《き》さねばならぬと考えます。

提案《ていあん》／堀切内相《ほりきりないしょう》……女子が男子と等《ひと》しく、新しく参政権《さんせいけん》を取得《しゅとく》し、政治《せいじ》に参与《さんよ》することは、国民《こくみん》の総意《そうい》を真《しん》に政治《せいじ》に反映《はんえい》させしめるゆえんであります。

議長《ぎちょう》……それでは意見《いけん》をもとめます。田村秀吉君《たむらひできちくん》。

反対《はんたい》／田村秀吉議員《たむらひできちぎいん》……しかし、世間《せけん》では家内《かない》といっているのに、こんど選挙《せんきょ》をやったら家外《かがい》になる。選挙運動《せんきょうんどう》だといって、女房《にょうぼう》も親爺《おやじ》も手をつないで、あるいは別々《べつべつ》に行くかわかりませんが、演説会《えんぜつかい》を聴《き》きにいかねばならぬということになると、ここに、家を守《まも》らなければならぬ主婦《しゅふ》の立場《たちば》というものと、この間《かん》の調節《ちょうせつ》ということについて、相当《そうとう》の考慮《こうりょ》を要《よう》すると思うのです。わたしは反対《はんたい》です。

答弁《とうべん》／堀切内相《ほりきりないしょう》……家族制度《かぞくせいど》と参政権《さんせいけん》は矛盾《むじゅん》しないと考えています。

反対《はんたい》／大川光三議員《おおかわみつぞうぎいん》……妻《つま》が立候補《りっこうほ》するということは、家庭内《かていない》における一大事件《いちだいじけん》でありますために、夫婦間《ふうふかん》の共同生活《きょうどうせいかつ》を円満《えんまん》におこなわんとするに、はなはだしき支障《ししょう》をきたすものであります。かくのごとく夫《おっと》の絶対的支配権《ぜったいてきしはいけん》を蹂躙《じゅうりん》する妻《つま》の立候補《りっこうほ》を、自由《じゆう》気ままに黙認《もくにん》することは、わが家庭制度《かていせいど》にかんがみて、かつは民法《みんぽう》の面目上《めんぼくじょう》、とうてい黙認《もくにん》することができないと存《ぞん》ずるのであります。

答弁《とうべん》／政府側《せいふがわ》……民法《みんぽう》での「夫《おっと》の許可《きょか》」は、夫権《ふけん》や財産《ざいさん》の権利《けんり》に関《かん》する場合《ばあい》であり、国の政治《せいじ》に参与《さんよ》することについて、なんの制限《せいげん》もありません。

反対《はんたい》／大川光三議員《おおかわみつぞうぎいん》……選挙費用《せんきょひよう》は動産《どうさん》の得失《とくしつ》となるのであります。

しかし衆議院では、こうした反対意見があったものの、委員会から本会議に付され、可決されたのです。

生徒たちは、

「まだ反対してるね」

「こりないね」

「戦争まえと変わらない議員が多い」

「戦争に負けたのに、あいかわらずなんだ」とつぶやいていました。

貴族院委員会のようすも読んでもらいました。

反対《はんたい》／山隈康《やまくまやすし》議員《ぎいん》……日本婦人《ふじん》は、(中略)国家《こっか》の政治《せいじ》に対《たい》する認識《にんしき》・教養《きょうよう》を欠《か》き、国政《こくせい》に対《たい》するなんらの関心《かんしん》をもっていなかったというのが、現在《げんざい》の事実《じじつ》であります。多くの婦人《ふじん》は、今日《こんにち》、選挙権《せんきょけん》を与《あた》えられるよりも、むしろ一片《いっぺん》のパン、ひとかたまりの薩摩芋《さつまいも》をもらったほうが、ひじょうな幸福《こうふく》であると叫《さけ》んでいるのであります。

政府答弁《せいふとうべん》……近年《きんねん》、ことに戦争中《せんそうちゅう》、婦人《ふじん》の働《はたら》きが、男のいないあとを、男にかわっていろいろな仕事《しごと》をやっております。また、若《わか》い娘《むすめ》たちも、あるいは工場《こうじょう》に行ったり、挺身隊《ていしんたい》にでたり、いろいろやっておりますので、その間《かん》にやはり自然《しぜん》(に)世《よ》の中に対《たい》しての批判《ひはん》がそうとうに加《くわ》わり、政治《せいじ》に対《たい》しての関心《かんしん》もそうとうできているのではないかと思います。

むずかしいことばは説明して補足しましたが、生徒は、

「人間って、なかなか変われないね」

「サツマイモだって」とあきれていました。

日本を占領したGHQ(連合国軍最高司令官総司令部)は、1945(昭和20)年10月初め、日本政府に対し、婦人に参政権を与えることなど、5大改革の要求をだしました。

ですから、12月のこの第89帝国議会時点では、すでにGHQ指令がでています。議員の本音は反対の意見が多かったものの、占領軍の意向に逆らえずに、しぶしぶ貴族院も、今回は可決せざるをえなかったのでした。

婦人参政権はGHQの影響のもと、やっと成立したのです。

「やっと、女性に選挙権がきたんだ」
「長かったな」
「よかったね」
「こんなに苦労して、女性の権利ができたんだ」
「知らなかった」
「わたしも初めて知った」

女性が選挙権を行使した、初の総選挙

1946(昭和21)年4月10日、女性が参加した初めての選挙がおこなわれました。そのときのようすの写真を見せました(右ページ)。

生徒たちは歓声をあげました。
「女性がたくさん並んでるよ」
「お子様預かり所ができてる」
「託児所をつくったなんて、いいねえ」
「子どもたちは折り紙やってるね」
「エプロンしてる人もいる」
「あれ、割烹着《かっぽうぎ》っていうんだよね」
「なんか、うれしくなってきた」
「女性の国会議員も誕生したの？」

——この総選挙では、女性が89人立候補して、39人の女性議員が誕生しています。

●女性が初参加した選挙の投票所風景

毎日新聞社提供

「やったあ」

5月16日に開会した国会の写真も見せました(次ページ)。

「女性議員が並んでる」

生徒たちは、やっとその日がきたねという顔をして、うなずいていました。

「女性が参政権を獲得するのに、こんなにたいへんだったんだね」

こんな子どもたちのつぶやきを聞きながら、授業を終えました。

生徒たちは、つぎのような1行感想を書いてくれました。

●—実際に賛成・反対の意見を演じてみると、すごく身近に婦人参政権を感じた。

●—いまは男女がこの時代よりも平等なので、いまの時代に生まれてよかった。

●—反対意見を聞いていて、男尊女卑の意識が強かったのに驚いた。

●―男性のなかにも、女性のことを考えて発言した人がいたことがうれしかった。

●―女性が、こんな時代でも負けずに運動した人がいて尊敬した。

●―女性が政治に向いていないとか、男性よりおとっているなどといっていたが、本音は女性の力がついてきて勢力が増したので、怖かったのかも。

●―この時代に、女性も社会の一員として政治に参加すべきだといった人は、かっこよかった。

●―こうして手に入れた選挙権を、女性は大事に使うべきだと思った。

●―女性は家のなかのことだけやっていればいいという考え方の議員が、あまりにも多くて、あきれてしまうほどだった。悲しいことだと思った。

●―教科書を読んで黒板を写して終わる授業より、深くしみこむ授業だった。

●戦後初の総選挙で婦人代議士が誕生

毎日新聞社提供

生徒の深い学びは、教師の教材研究の深さに比例します。この授業では安井先生のていねいな調査が、生徒が歴史を見つめる視点を豊かにしてくれました。資料を掘りおこす教師の熱意を、ともに学んでいきたいと思います。

［参考文献］
安井俊夫『子どもの目でまなぶ近現代史』（地歴社）
家永三郎＝編『日本の歴史6』（ほるぷ出版）
毎日新聞社『1億人の昭和史5』（毎日新聞社）
福島瑞穂『結婚と家族』（岩波新書）、ほか

この授業について

女性に参政権があるのは当たりまえと思う現代ですが、参政権の獲得は戦後のことです。帝国議会に議案として最初にとりあげられたのは、1925（大正14）年のことでした。それからえんえんと論議が続く長い道のりでした。

しかも参政権獲得には、GHQの大きな後押しがあったのです。この授業でとりあげたのは、帝国議会における男性議員たちの論議です。そこには女性への偏見の羅列もありました。

ですから、婦人参政権成立の苦難の道を追体験することは、大きな意味をもちます。

みずから演ずることで、帝国議会が現実的に目の前に広がることになります。また、議員を演ずることは、その内容を吟味することにつながり、自分のこれからの意識にも少なからぬ影響をおよぼします。

そしてなによりも、演じていると、歴史が身近に動きだすのです。

生徒たちが演じやすくするために、議員の発言を少し現代風に直しました。

この授業には、生徒が共感をおぼえる議員、反発を感じる議員など、多くの議員が登場します。そうした議員の発言に浸る時間が、歴史を感じる時間だと思います。

この追体験は、参政権の本質や男女共生の理解を深化させると信じています。

授業をするときのコツ

●—帝国議会での発言内容をどう伝えるかが、大きなカギになります。年代に応じてわかりやすい表現に変えることが必要になります。しかし、あまりに現代風にすると、帝国議会の当時の雰囲気が失われます。年代にあわせて調整してください。

●—「演ずる」という技法が、ここでは大きな力を発揮します。クラス全体で演じたり、グループで演じたり、ひとりでじっくり読んだりと、使いわけて歴史を追体験させるとよいと思います。

●—議員の発言のなかには、いまの子どもたちに通じない、わからない内容のことばがでてきます。それをわかりやすく伝える必要もあります。質問があったら、当時の生活を話すことも必要になります。

「1枚の写真から戦争を見つめる」授業
――10歳が体験した長崎の記録から

この写真を見て衝撃を受けた人が多いと思います。

わたしも写真集『トランクの中の日本――米従軍カメラマンの非公式記録』(小学館)に載った、この1枚の写真に心を揺さぶられました。アメリカ海兵隊のカメラマンとして、1945(昭和20)年9月から翌年の1946年3月までの7か月間、敗戦の日本の情景を撮りつづけたジョー・オダネルさんが長崎で撮影したものです。この長崎の焼き場での少年の写真を中心に、授業をつくろうと思いました。

この少年と同世代の小学校6年生といっしょにおこなった授業です。

少年は気を付けの姿勢で、じっと前を見つづけた(『トランクの中の日本』)
Boy at Cremation Site　©Joe O'Donnell

1—焼き場に立つ少年

少年は何を見つめていたのか

「焼き場にて、長崎」と題した写真を見せます。

写真集のこのページには、「少年は気を付けの姿勢で、じっと前を見つづけた」という見出しがついています。

Q　この少年は“気をつけ”して、何を見ているのだろう？

A　葬式の行列が通るのを見ている

B　天皇の行列が通るのを見ている

C　その他

服装からして戦争中か戦争直後かと判断した生徒たちは、

「しっかり気をつけしているから、エライ人が通るのを見ている」

「エライ人って天皇？　まわりに人がいないよ。天皇が通るなら、たくさんの人が集まってくるよ」

「それにこの子、はだしだよ」

「わたしは、葬式の行列を見ていると思う。だから気をつけしているんだ」

「わたしもそう思う。この子、悲しそうな顔しているように見えるもの」

「おんぶされてる子は寝てるの？　病気なの？」

「ぼくは、おんぶされている子が、死んでいるように見えるのだけど……」

この意見で、おんぶされている子に視線が集中しました。

「眠っているだけじゃない？」

「いや、ぼくも死んでいるように見えてきたよ」

「戦争で爆撃されて、たくさんの人が亡くなったのかも？」

「そうか。それで、はだしなんだ」
「家も焼けたのかも」
「これ、広島の写真？」

——じゃ、この写真を撮ったジョー・オダネルさんの文章を読むね。

このような話し合いのあと、記述を読んでいきました。

長崎ではまだ次から次へと死体を運ぶ荷車が焼き場に向かっていた。死体が荷車に無造作に放り上げられ、側面から腕や足がだらりとぶら下がっている光景に私はたびたびぶつかった。人々の表情は暗い。

焼き場となっていた川岸には、浅い穴が掘られ、水がひたひたと寄せており、灰や木片や石灰がちらばっている。燃え残りの木片は風を受けると赤々と輝き、あたりにはまだぬくもりがただよう。白い大きなマスクをつけた係員は荷車から手と足をつかんで遺体を下ろすと、そのまま勢いをつけて火の中に投げ入れた。はげしく炎を上げて燃えつきる。それでお終いだ。燃え上がる遺体の発する強烈な熱に私はたじろいで後ずさりした。荷車を引いてきた人は台の上の体を投げ終えると帰っていった。だれも灰を持ち去ろうとするものはいない。残るのは、悲惨な死の生み出した一瞬の熱と耐え難い臭気だけだった。

焼き場に一〇歳くらいの少年がやってきた。小さな体はやせ細り、ぼろぼろの服を着てはだしだった。少年の背中には二歳にもならない幼い男の子がくくりつけられていた。その子はまるで眠っているようで見たところ体のどこにも火傷の跡は見当たらない。

少年は焼き場のふちまで進むとそこで立ち止まる。わき上がる熱風にも動じない。係員は背中の幼児を下ろし、足元の燃えさかる火の上に乗せた。まもなく、脂の焼ける音がジュウと私の耳にも届く。炎は勢いよく燃え上がり、立ちつくす少年の顔を赤く染めた。気落ちしたかのように背が丸くなった少年はまたすぐに背筋を伸ばす。私は彼から目をそらすことができなかった。少年は気を付けの姿勢で、じっと前を見つづけた。一度も焼かれる弟に目を落とすことはない。軍人も顔負けの見事な直立不動の姿勢で彼は弟を見送ったのだ。

私はカメラのファインダーを通して、涙も出ないほどの悲しみに打ちひしがれた顔を見守った。私は彼の肩を抱いてやりたかった。しかし声をかけることもできないまま、ただもう一度シャッターを切った。急に彼は回れ右をすると、背筋をぴんと張り、まっすぐ前を見て歩み去った。一度もうしろを振り向かないまま。係員によると、少年の弟は夜の間に死んでしまったのだという。その日の夕方、家にもどってズボンをぬぐと、まるで妖気が立ち登るように、死臭があたりにただよった。今日一日見た人々のことを思うと胸が痛んだ。あの少年はどこへ行き、どうして生きていくのだろうか？

（ジョー・オダネル写真集『トランクの中の日本』、ジェニファー・オルドリッチ＝聞き書き、平岡豊子＝訳、小学館）

子どもたちは無言になりました。しばらくして、
「原子爆弾が落とされた長崎なんだ」
「少年は焼き場を見ていたんだ」
「弟を火葬にしてもらいにきたんだね」
「やっぱり背中の子、死んでたね」
「たくさんの人が焼き場で焼かれたんだ」
「この少年、えらいなあ」
「そう。ぼくだったら、泣くだけで何もできなかったかも」
「お父さんやお母さんは、どうしたのだろう？」
とつぶやいていました。

長崎の町を写した写真から

——お父さんやお母さんは、どうしたんだろう？

「原子爆弾で死んだのかも」
「お父さんは兵隊に行っていて、お母さんと３人で暮らしていたけど、お母さんが死んだのかもね」
「長崎の町は、原子爆弾でどうなったの？」

ここで生徒たちに、ジョー・オダネルさんが撮った長崎の町のようすを見せました。

写真＝Joe O'Donnell

「中町天主堂の時計」

長崎の上空を飛んだとき、中町天主堂の時計塔が目に止まった。まだ時計の針が動いているのかどうか知りたくて、パイロットにもう少し低く飛んでくれるようにたのんだ。その針は、11時2分きっかりで止まっていた。それはちょうど、原子爆弾が爆発した時刻であった。しかし、ステンドグラスがそのままに残っているのに気づいたので、その天主堂の中をもう少し見たくなった。パイロットは私の頼みを聞いて、この写真の左上に見える道路の上に着陸してくれた。私はパイロットを飛行機に残し、とぼとぼと廃墟に向かった。(『トランクの中の日本』)

ここでも生徒たちは、しばらく無言でした。写真は多くのことを子どもたちに伝えているようです。

「11時2分に原子爆弾が落ちたんだ」
「家がぜんぶなくなっている」
「教会の時計塔だけが残っているんだ」
「原子爆弾って恐いね。町をぜんぶ破壊したんだ」
「みんな死んだよね。町がこんなにすごい被害だもの」
「少年のお父さんやお母さんも、生きていないなあ」
「少年は弟とふたりきりで、さみしかったろうね」
「弟が死んで、すごく悲しかったよね」

子どもたちはまた無言になりました。

2―10歳の少女が体験した原爆

戦時の小学校のようす

ここで、少年と同じ年頃だった長崎の被爆者の体験談を読むことにしました。

長崎の証言の会『証言2008――ヒロシマ・ナガサキの声　第22集』(汐文社)に載っている、「とつぜん光が走った――消えない記憶・私の被爆体験」。証言者・西郷(現姓・甲斐田)禮子《れいこ》さん(当時10歳)の体験談です。

少年と同じ年頃です。西郷さんは、三菱長崎造船所電気艤装技師のお父さん、お母さん、おばあさん、妹(4歳)との5人家族でした。

――被爆まえの学校はどんなだったか、そのようすを読むね。

(以下、西郷禮子さんの証言については、一部改行を増やして原文を引用した――編集部注)

昭和十八年(一九四三年)に入ると、日本の各地が米軍による爆撃に見舞われるようになり、学校での集団での軍事訓練(教練)の時間も増えてきました。小学生達でも体育の時間などは分列行進の訓練や四年生になると昼休み等は赤と白の小旗を作らせられて、手旗信号の訓練などをさせられました。

特に運動場での分列行進の時など、軍服を着た教練専門の先生が朝礼台の上に立たれ、担任の女の先生から「お前達が歩いている運動場の真下はアメリカだ。アメリカに負けないようにしっかり足を踏みしめて、力強くアメリカを踏みつぶせ」と号令をかけられ、皆、足に力を入れて精いっぱい分列行進をしたものです。教育勅語も週に一度位は校内マイクを通して放送され、直立不動の姿勢で教室で聞かされ、覚えるように言われました。しかし、最後までなかなか覚えられませんでした。

講堂などで校長先生が教育勅語を読み始められた時など、最後の「ギョメイギョジ」の言葉が聞こえて終わると、ほっとしたものです。

学校での授業は、戦争が激しくなるにつれて教室ではできなくなり、近所の生徒同士が分団になって一つの家に集まって、先生がそこを回っての勉強になりました。

食糧も次第に不足してきて、学校の運動場の北側は芋畑になって、四年生になると学校の上の土地に畑作りに行ったり、缶詰めの空きカンを持って山へ松根油を作るために松ヤニ(脂)を採りに行かされました。ヒワの種も集めさせられました。種は洗ってドラム缶に入れてどこかへ運ばれて行きましたが、なんでも種を潰して粉にして兵隊用の乾パンの材料になっていたと聞いたことがありました。とにかく何でも食糧になりました。

「すごいなあ、アメリカを踏みつぶせだって」

「むちゃなことといってるな」

「勉強しないで、畑つくってたんだ」

「食べるものが少なかったんだね」

「松ヤニとってるっていいな、勉強しなくてすむんだ」(笑)

「松根油って、何に使うの？」

「ガソリンの代わりだ」

「そんなんで、飛行機なんか飛ばないよね」

「これじゃ、戦争に勝てっこないな」

——もう少し読むよ。

しかし、こんな中で今でも忘れられないのは、家にあったレコードを供出することになり、取り上げられてしまったことです。その頃、私の家には蓄音機があり、レコードもたくさんあって、「青い目の人形」とか「赤い靴はいてた女の子…」のようなものがあって、よく聴いていたのですが、敵国の歌だからだったのでしょうか、全部取り上げられてしまい、とても悲しかったことを覚えています。歌一つでも自由に聴くことができない時代でした。

「レコードも取り上げられたの」
「青い目の人形だから？」
「敵の歌は聴いちゃいけないんだ」
「いやな時代だったんだね」

8月9日に何が起こったか

――いよいよ、8月9日の原爆が落とされた日だよ。

その日は朝から警戒警報が鳴って、いったん防空壕があった叔母の家へ行きましたが、暫《しばら》くして解除になったので防空壕から出て蜻蛉《とんぼ》をとりに行くことにしたのでした。

十一時に近くなっていたでしょうか。私はくもの巣を取るために家と山羊小屋の間の狭い所に入りこみました。

その時でした。突然目の前が「ピカッ」と光り、「ドカーン」とものすごい音があたりを包みました。私は一瞬、日頃、学校でも授業中に訓練していたように目と耳を両手でふさいで狭いところに妹を抱えるようにしてしゃがみこみましたが、伏せたはずの顔や手が焼けるように熱くなったのを覚えています。直接火で焼かれたような熱さでした。

家と小屋の間に入っていた私の身体の上にガラガラ……と瓦や土壁や板切れが降り注ぎ、身体の半分は埋められてしまいました。身動きひとつできなくなり、どれ位時間が経ったかわかりませんでした。

暫くして周りは全く音ひとつなく静かになりました。そんな中、「禮子《れいこ》……禮子……」と私の名を呼ぶ父の声が聞こえてきました。私はほっとして「ああ、よかった……耳が聞こえる」と目を少し開けて見ると、もうもうと立ちこめる土煙の中にまわりがぼんやりと見えてきました。

「ああ……目も見える」と、ふと空を見上げてみました。しかし、あの青い空はどこへ行ったのか、青空のひとかけらも目に入ってきませんでした。私たちが蜻蛉《とんぼ》捕りに出たのは昼前でしたから、まだ真昼である筈《はず》なのに日暮れかと思われる位、どす黒い空が見えるだけでした。

私は一刻も早く父の声がする方へ走っていこうと思い足を動かそうとしましたが、全く動きませんでした。身体の半分は瓦や壁土や板に埋められていて、近くに妹が腹のあたりまで同じように埋められていたのです。ただ二人とも不思議に怪我はしませんでした。その後のことはよく覚えていません。

とにかく父に瓦礫《がれき》の中からひきずり出してもらって、家の近くに作っていた防空壕の中へ逃げこみました。

「この子、助かってよかったね」

「お父さんが近くにいてよかったね」

「空が真っ暗になったんだ」

「火に焼かれるような熱さだったって」

「こわいなあ」

原爆投下から3日後の少女と家族

――もう少し、続きを読むね。

八月十一日、原爆が落とされてから三日目の朝、アメリカの飛行機からビラが渕神社の上の山に登る方向にたくさんまかれていました。

父が二枚拾ってきて、読んでくれましたが、一枚は裏側に日の丸、あと一枚は十円札が印刷してありました。ビラには「天皇は戦争を止めさせよ、原爆を八月十五日に再び落とす。女、子供は逃げなさい」と書かれていました。父はビラを持っていて、見つかると憲兵から捕まるといって、その後いつの間にか、ビラはすっかりなくなってしまってました。

私達は、次の日(十二日)の夕方から長与町の岡郷に逃げることにしました。そこには母の友人がいたので、そこに泊めてもらうことにしたのです。

私と両親、四歳の妹そして七十九歳の祖母の五人は、少しの荷物を持って近所の人とこれで生き別れだと泣き別れで稲佐町を出発しました。その時はなぜか太陽がオレンジ色に丸く空に浮いていて、目ではっきりと見ることができました。近くに製材所がありましたが、そこはまだ火をあげて燃えつづけていました。

長与へ行くには浦上の真ん中を通っていかなければなりません。稲佐山から降りてきた人の話を聞いていただけに、この先どうなるか……。「浦上の方は沢山の人が焼けただれて死んでいる。道もわからなくなってしまっている」と言っていたけれど、どうなることか不安でいっぱいでした。

私は小学四年生、十歳になるまで死んだ人を見たことがありませんでした。焼けただれて死んだ人なんか恐ろしくて、可哀想でとても見きれないし、見たくないと思いました。それでなるべく脇見をしないで、お父さんの後にぴったりとくっついて行くことにしました。

父と母は交替でリュックを背負い、妹と杖をついて歩く祖母を交互に背負って歩いていきました。浦上川に沿った道の上には石ころや瓦や木切れがごろごろしていて、それを乗り越え乗り越えして行きました。周りはまだ火が燃えていたので、なるべく熱くない所を選んで回り道をしながら歩いて行きました。

道はほとんどない状態で、避病院(編注・伝染病隔離病院)の所へ来ると、完全武装の兵隊さんが一人で歩いてきて、私と妹に一枚の平らな米飴をくれました。砂糖など甘いものがひとつもない時だっただけに、その一枚の米飴はほんとうに嬉しかったです。父は、長与に着いたらこの飴を食べていいといって、それに力づけられて歩いていきました。

歩く時は横を見ないで歩きましたが、それでもやはり目につきました。浦上川の中にたくさんの人が入ったまま動かないでいるのです。いいえ、まっ黒い色をして動かず死んでいるのです。この人達は火傷を負い、喉が乾いて水が欲しい……水が欲しいと言いながら川の中に入って死んでいった人達だったのでしょう。海に近い所で潮水だったでしょうに……。

鎮西学院(今の活水高校)の崖下の防空壕の付近には黒焦げの人が固まっていて、材木のかけらがおきみたいにまだ燃えていました。川向うの製鋼所は飴みたいな鉄のかたまりになっていました。竹岩橋は途中から吹き飛んで川の中に落ちていました。

　私はもう恐いのと、きついのと喉が渇いたのとで泣きそうな気持ちになって、足許だけを見ながら黙って父の後をついて歩いて行きました。

「もう1回、8月15日に原爆を落とすと書いてあったんだね」

「女・子どもは逃げなさいっていったって」

「浦上川でたくさんの人が死んだんだ」

「水が飲みたかった」

「戦争って、ほんとうに恐い」

亡くなった人を自分たちで焼いた

　八月十五日、ビラに書いてあった原子爆弾は再び落ちませんでした。その代わりに恐ろしい戦争が終わったことを父が教えてくれました。しかし、戦争は終わっても、長崎の町のあちこちでたくさんの死体が焼かれていました。

　私の母の実家は鎮西学院の出入口の近くで農家をしていました。爆心地から約五百米の距離でした。そして、銭座国民学校の近くにも親戚、叔母達が住んでいました。大人・子供併せて全員で五〇名程いましたが、半数以上の二五名余は被爆死でした。

　被爆後、長与に避難していた所から、父と母は、ほとんど毎日、朝から長与を出て鎮西学院近くの母の実家に出かけて家の者の安否を確かめたり、遺体や遺骨を探して夕方に長与に帰ってくるという生活でした。そのためだったのでしょうか、被爆後二か月程して二人とも髪の毛が抜け、赤痢のような下痢で苦しみました。爆心地から近距離の所へ行き来して、放射線での原爆症が出たのだと思います。幸いその後なんとか普通の状態に戻りましたが、原爆の恐ろしさを今でも考えることがあります。

城山町と銭座町で被爆死した親戚の人達は、八月二十日ぐらいにかけてそれぞれ荼毘《だび》に付しました。銭座にいた親戚の家族では、いとこの中学二年生の男の子が造船所に勤めていて被爆した父親と二人生き残りましたが、焼け残った材木を二人で引っぱって来て、家族を荼毘に付す準備をしていました。父と母、私は手伝いに行って、木を下に組んで上にトタン板を敷き、その上に遺体をのせて、その上にまた材木を置いて火をつけ、おばさんを焼きました。

「15日に落ちなくてよかったね」
「でも、たくさん死んだんだね」
「死体は焼いたんだ」
「生きた人も、原爆症の病気で苦しむんだなあ」
「こんなすごい恐いところに、少年はいたんだね」

――西郷禮子さんは、こんなことも書いてるよ。

MP（憲兵）の一人が写真を撮らせてくれと母に頼み、母は承諾してカメラの前に立ったとき、私は笑いもせず思いきりしかめ面をして写りました。アメリカ人は鬼のように怖いと学校で教えられ、戦時中は「鬼畜米英」と教育されていただけに、子供の心にも憎しみと恐ろしさが残っていたのです。しかし、目の前のアメリカ兵は明るく、見ていて怖いという感じは全くありませんでした。

教育の中で敵国の人を憎むように洗脳されていたのでした。戦争は相手の国への憎しみや怖れを持たせることで始められるのだろうと思います。

「ジョー・オダネルさんが撮ったのかな？」
「違う人かもよ」
「憎むって教えることから、戦争は始まるんだ」

3—クラスのみんなで考える戦争

ふたたび少年について考える

Q　西郷禮子さんの体験談から、少年についてどんなことがわかるだろう？
グループで話し合いましょう。

生徒たちは、グループで話しはじめました。
「たくさんの人が、焼かれて煙になっていったんだね」
「少年の弟だけじゃなかったね」
「みんな、死体を焼いたんだ」
「校庭で焼いたともいってたね」
「少年のようにひとりぼっちになった人も、たくさんいたと思う」
「ぼくは、少年がまっすぐ気をつけできたのは、学校の軍事訓練で教えられたからだと思う」
「行進なんかさせられてるものね」
「歩いている真下がアメリカだから踏みつぶせって、すごいこといってた」
「4年生になると畑づくりに行かされたり、松ヤニ採りに行かされてるね」
「少年も学校でやらされてたね、きっと」

「禮子さんは、埋まってもすぐお父さんが掘りだしてくれたけど、少年はどうだったんだろう？」
「少年は爆心地にはいなかったんだね。だから生きていられたんだ」
「どこで何をしてたかは、わからないね」
「少年のお父さんやお母さんは、どうなったかわからないね」
「弟が死んでもついてこないから、死んだ可能性が高いと思う」
「爆心地やその近くの人は、悲惨な情況だったんだものね」

「禮子さんのお父さんやお母さんが親類を一生懸命、捜してるから、少年も捜したよ」
「きっと、弟をおぶって必死で捜したのかも……」
「見つからないから、すごく悲しかったと思う」

「少年はあれから、どこに行ったのだろう？」
「少年は強い子だから、しっかり生きていったと思うな」
「原爆症になったかもしれない」
「わたしもそう思う。でも、親類の人たちといっしょに生きていってるといいな」
「この原子爆弾の千倍の威力の核兵器が数千発、世界にはあるって、お父さんがいってたよ」
「恐いよ。ぜったい使っちゃいけない」
「早く核兵器をなくしてほしいな」
「禮子さんとお母さんを撮った人は、オダネルさんかな？」
「オダネルさんかもしれないね」
　グループではこんな話し合いがありました。

被爆後、学校はどうなった?

Q　**大きな被害を受けた長崎では、学校は再開できたのだろうか？**
　A　1年以上、再開できなかった
　B　数か月後にすぐ再開した
　C　その他

「こんなに被害が大きいから、Aだと思うな」
「わたしもAだと思う。学校どころか、家だってないもの」
「そうかな。爆心地から離れたところは、意外と早く学校を再開したかもよ。ぼ

写真＝Joe O'Donnell

くはＢ！」
「でも、何を教えるの？」
「教科書だって燃えてるかもよ」
「友だちと会えるだけでも心強いよ」

オダネルさんが撮った学校の写真もあるので、ここで見せました。

「長崎の小学校にて」

この教室を訪れたとき、私は壊れた窓や校庭であったはずの場所が完全に破壊されている様を見て、深い悲しみに襲われた。子供たちは驚くほど規律正しく手も動かさずに静かに座っていた。私は教室に侵入者のように現れたが、子供たちは私に目を向ける様子もなく、ただじっと先生の話を注意深く聞いていた。そして先生も私を無視して、授業を続けているのであった。疎外感がこみ上げ、私はさっさと写真を撮るとそこを後にした。

（『トランクの中の日本』）

生徒たちは、じっと写真の教室風景を見つめていました。

「みんな、真剣な顔で先生を見つめている」

「必死な思いが伝わってくる」

「先生も一生懸命、話してるように見える」

「教科書のある子も、ない子もいるね」

「窓の外は残がいだらけだ」

「こんなところでも授業を始めたんだ」

「アメリカ人が入ってきて写真撮っても、ひとりも振りむかないんだ」

「すごいな」

「戦争に負けてこれからどうなるんだろうと、心配なのかも」

「でも、友だちとまた会えて、うれしかっただろうね」

「死んでしまった友だちも多かったよね」

「学校が始まって、うれしかったと思うよ」

数か月後には学校が再開されました。だからBが正解です。

少年は生きただろうか

前述の『証言2008――ヒロシマ・ナガサキの声』には、当時、24歳で国民学校の先生だった弓井一子さんの体験談も載っています（「山里国民学校で救護に明け暮れて」）。

ここで読み上げました。

十一月はじめ頃になって、西浦上小学校（当時：長崎師範学校）を借りて授業を再開しました。当時、山里小学校へ腰掛けなどを運びに行きましたが、運ぶ道具さえありませんでした。再開したころは、リヤカーを引っ張って五kmくらい離れた築町まで、配給をもらいに行っていました。
　集まった児童は二百人くらい。教科書も二人に一冊くらいしかありませんでした。しかも、きちんとした本の体裁になっておらず、ばらばらになっていました。鉛筆も持っていない子が多かったですね。ノートはなおのことでしたね。
　窓ガラスさえ入っていない教室でした。木切れを集めて、箱火鉢のようなものを作り、木を燃やしていました。

　この体験談からも、当時のようすが伝わってきます。
　子どもたちはしみじみとした口調でいいました。
「戦争なんかしちゃだめだね」
「みんな苦労するし、悲しい思いをするもの」
　みんな、うなずいていました。

「先生、少年は生きていけたの？」

――20年以上たってから、オダネルさんが、どうしても少年のことが気になって捜してもらったけど、見つからなかったそうです。でも、わたしはいまでも生きていると思ってるよ。

「そうだね。生きてるよね」
「ぼくも、少年はたくましく生きぬいていったと思う」

　こうして授業を終えました。

写真を使った歴史の授業

　近・現代史の授業では、写真が有効に機能します。どんな写真を教室に持ちこむかで、歴史の授業がもり上がるか決まります。写真は教師より雄弁に語るのです。この焼き場の少年の写真は、多くの人の心を揺さぶることでしょう。オダネルさんの写真は、教材としての価値が高いと思います。

オダネルさんは帰国後、私用カメラで撮影したネガはトランクにしまい、二度とふたたび開けまいと、ふたを閉じ、鍵をかけてしまいました。彼はこう書いています。

「終戦直後に上陸して七カ月間、私は日本各地を撮影して歩き、心の中に新たな葛藤が広がるのを感じました。苦痛に耐えて生きようと懸命な被災者たちと出会い、無惨な瓦礫と化した被爆地にレンズを向けているうちに、それまで敵としてとらえていた日本人のイメージがぐらぐらとくずれていくのを感じたのです。日本を去るとき、ネガにも私の心にも戦中戦後の日本の悪夢が焼き付けられていました。そのあまりの強烈さにたじろいだ私は、帰国後、そのすべてを忘れようと決心したのです」（『トランクの中の日本』）

オダネルさんは原爆症にかかりました。広島や長崎をさまよい、放射能を浴びたのが原因と診断され、数えきれないほどの手術や治療をしたそうです。身体は楽になったものの、意識に焼きついたイメージは、いっそう鮮明さを増したといいます。そしてついに、トランクの鍵を開けました。こうして、焼き場に立つ少年の写真は日の目を見たのです。

1990年からアメリカで、1992年からは日本での写真展が始まりました。写真集も世に出たのです。アメリカの退役軍人などからの批判や抗議も乗り越え、歴史の証言者として講演活動を続けていったのです。

オダネルさんは2007年8月9日、くしくも長崎の原爆投下の日と同じ日に、86歳の生涯を閉じました。わたしたち教師は、オダネルさんの写真を使い、子どもたちに歴史を追体験させることができると感じます。ぜひ、授業してみてください。

［参考文献］
ジョー・オダネル写真集『トランクの中の日本』、ジェニファー・オルドリッチ＝聞き書き、平岡豊子＝訳（小学館）
長崎証言の会『証言2008』（汐文社）、ほか

この授業について

一般に、授業で子どもたちに示す資料には、数字・記号・グラフ・表などの統計資料、文章による記述を中心とした文献資料、写真・絵画・動画などの映像資料などがあります。

統計資料はどちらかといえば、論理的思考をうながします。写真などの映像資料は感性に直接、訴えかけます。文献資料は、その両方の側面をもっているようです。こうした資料を効果的にミックスして授業に使用することができると、子どもたちは歴史の舞台で踊りだすと思います。

ジョー・オダネル氏が撮った、少年が立ちつくす写真は強烈でした。同じ年頃の子どもたちを、あっというまに1945年の長崎に運んでくれました。インパクトの大きな資料を選ぶことも教師の力量のひとつで、授業の成否のカギになります。

この授業ではほかに、長崎の被爆地の写真と、学校の授業のようすを写した写真を使いました。また、被爆者の体験記も、文献資料として子どもたちが追体験するのに有効でした。

近現代史は、写真などの映像資料も、文献資料も豊富です。授業に活かしていきたいですね。

授業のためのワンポイント

●—写真を大きく提示すると効果的です。引きのばして黒板に貼るのがいいでしょう。ほかの2枚も同様です。

●—体験記は教師が読んで聞かせるのもいいし、年配のかたに朗読してもらって録音を聞かせるのも手かもしれません。子どもたちを集中させます。

〈オリジナルの授業をつくる手法・考〉

1—教材（題材）を見つける——アンテナを高く広く

「オリジナルの授業の題材は、どうやって見つけるの？」と、よく聞かれます。

わたしはいつも、「何か面白いこと（モノ）はないかな？」という目で世の中を見ている気がします。捜すためのアンテナを高く広く、立てめぐらしています。新聞、テレビ、ラジオ、本、雑誌、映画、ビデオ……、少しでも気になるものは切りぬいたり、録画したり、コピーにとって残しておきます。するといつのまにか、その細切れの情報どうしが結びついて、流れができてくることがあります。

「やぐら」の授業がそうです。

そのころ、鎌倉の山を歩いていて、「やぐら」と呼んでいる横穴が気になっていました。古墳時代の横穴古墳とも違います。鎌倉時代の、鎌倉にしかない墓の形態だとわかりましたが、なぜ、こんな山にそれを造ったのかがわかりません。

そうするうち、鎌倉時代の庶民の葬送形態も知りたくなってきました。新聞に「中世の墓」とか「古代の葬送」などの記事がでるたびに切りぬいておきました。テレビなどで関係する報道があると、記録していきました。

2—もっと知りたい——本質に迫る

あるていど情報が集まったところで、自分の問題意識を整理しました。

わたしの考えた問題点は、つぎのものです。

1—なぜ、鎌倉時代の鎌倉にしか「やぐら」がないのか？
2—どういう理由で、崖を切りぬいてお墓を山に造ったのか？
3—源頼朝など権力者の墓は、どうだったのか？
4—当時の庶民は、どのような葬送形態だったのか？
5—鎌倉時滅亡後、鎌倉の墓はどう変化したか？

問題意識が明確になったところで、本質に迫る資料集めにかかりました。文献探しやフィールド・ワークです。

概論では、家永三郎編『日本の歴史・2』（ほるぷ出版）や『よみがえる中世・3』（平凡社）や『全譯吾妻鏡』（新人物往来社）などを読みながら、メモをとりました。さらに実際の発掘資料をまとめた『掘り出された鎌倉』（鎌倉考古学研究所）などの冊子や発掘報告などを手に入れていきました。

フィールド・ワークは、鎌倉歴史ボランティアのかたの案内で、有名な「唐糸やぐら」や「百八やぐら」を見て歩きました。そんなとき、大三輪龍彦『鎌倉のやぐら』（鎌倉春秋社）という本があることがわかり、手に入れ熟読しました。

こうして「やぐら」の本質へ迫っていったのです。

3—驚きや感動から授業の主題へ

ここまで「やぐら」について考えてきて、「幕府はなぜ、御府内に墓をつくることを禁止したのか？」ということが、中世の鎌倉のまちに迫る主題だと思いました。

このことを見つめていくと、鎌倉の盛衰がよくわかります。当時の武士や庶民の思いが、「やぐら」をとおして臨場感をもって伝わってきます。中世を生きた人びとの思いにふれることは、歴史の「知」として大切なことだと思うのです。これを主題にした授業をつくることに決めました。

教師の「伝えたい」という思いが、オリジナルの授業の基盤になります。

4—授業を設計する

集めた資料や知識を羅列しただけでは、いきいきとしてドキドキ・ハラハラする授業にはなりません。いままでの資料や知識を捨て去る作業も肝心なのです。自分の知識をすべてはきだすのは下手な授業です。聞き手の耳の右から左に内容が通りすぎるだけで終わってしまいます。

ぜひ、自分でウェビングをつくり、本質からかけ離れてしまう資料・情報は涙をのんで捨ててください。(*——ウェビングとは、あるキーワードから、関連する事柄をウェブ〈クモの巣〉状につないで見取図をつくること。中心となるテーマからさまざまな学習課題を展開し、検討・整理するために有効な手法)

さらに、「子どもが参加する授業」をめざして、どこで、どんなかたちで子どもの活動をとり入れるかを考えるのも重要なポイントです。

わたしはここで、東アジア型教育と呼ばれる、伝えるだけの授業から脱皮しようと考えました。そのためにまず、グループで難解な「御成敗式目追加法」を読んで、「鎌倉幕府は何を禁止すると書いてあるのか?」、話し合ってもらうことにしました。

知っている漢字をたよりに類推していく歴史家の作業場を体験してもらいたかったのです。そうすることで、全員が授業に入りこめると思ったのです。「墓」という文字を見つけて、グループでの対話が活発になりました。

授業の構成を考えるときに必要なことは、資料の絞りこみとシミュレーションしながらの弾ませる演出です。この力を伸ばすためにも、さまざまな授業をたくさん観たり、実践記録を読んだりして、構成手法を考えていってください。

5—発問を考える——大発問と小発問

子どもたちに問いかけるものとして、質問と発問があります。

質問は幼児でも「これ、なあに？」と聞きます。質問をひとつだすと、多くの場合は答えもひとつです。授業でも質問だけでやると、一問一答式の平板な、広がりのない授業になります。

発問とは多様な答えが返ってくるもの、本質に迫れるものです。発問には大発問と小発問があると考えています。大発問が授業の核となります。この大発問を1～3問くらい用意しておくと、広がりのある授業になります。

「やぐら」の授業では、「幕府はなぜ、御府内にお墓を造るのを禁止したのか？」というのが大発問のひとつです。

「将軍がいる場所なので、縁起がよくないのでは」「死体からの悪臭が原因では」「墓荒らしが横行したのでは」など、予想が広がります。しかし、歴史から浮いて予想だけがひとり歩きしては、歴史の授業にはなりません。

これを考えるためには、歴史の授業では手がかりが必要です。手がかりとして、教師作成の年表を配布しました。年表に浸ってじっくり読んで考えてもらうように考えました。

また、その後の小発問として「死んだ人をどうするなと、幕府はいってる？」と聞きます。「海に捨てるな」「山にすてるな」などなど、中世の葬送にふれた意見がでてくるのです。

授業は大発問と小発問のかたまりで構成されている、といって過言ではありません。歴史の授業では、ここに史料も入ります。これをしっかり考えておくことが、授業を成功させる秘訣でしょう。

6—帰結点

授業には最後の収束が大切です。話し合いの最後の高まりです。

「室町時代の農民の墓から、どんな歴史がみえてくる？」

これを帰結点にもってきました。鎌倉の中心地で発掘された、室町時代の農民の墓の写真は、雄弁に歴史を語りました。権力の交代は、お墓の形態すら変化させていきました。

歴史を感じるというのは、こういうことをいうのだと思います。教師がどんな史料をもってくるかが、歴史家の仕事場に近づくかどうかの境界になるでしょう。

帰結点はもちろん、子どもたちの話で達することもあります。オープン・エンドで終わる収束もあります。いずれにしろ帰結点を考えておくと、授業は高まりと余韻をもって収束していくことでしょう。

7―わたしのモットー

作家の井上ひさしさんの書斎に、こんなスローガンが貼ってあったそうです。

むずかしいことを　やさしく
やさしいことを　ふかく
ふかいことを　ゆかいに

このことばに魅了されました。授業もこれだと思います。

授業のテーマの世界にゆっくりと浸らせ遊ばせておくと、子どもたちは、かなりむずかしいものでも追究していきます。

授業では、むずかしいことを、やさしくゆかいに追究していくことが大切なのだと肝に銘じています。

オリジナルの授業をめざしてください。楽しみにしています。

おわりに

鎌倉のまちには、きょうもたくさんの観光客が訪れています。

何人の人が「やぐら」に気づくでしょうか？

長谷の大仏をのぞいてみると、海外からの団体客がカメラのシャッターを切っていました。

国家的大事業として造立された奈良の大仏には、銅の生産地も含め、しっかりとした記録が残っています。

しかし、鎌倉の大仏には記録がほとんどなく、不明な点が多いのです。

10世紀に、日本の銅の生産は枯渇してしまいます。

平安時代後半には、銅銭の鋳造も止めています。江戸時代になって寛永通宝が発行されるまで、銅不足が続いたようです。

それでは、13世紀に造られた鎌倉大仏の銅は、どうしたのでしょう？

奈良の大仏の銅の含有量は、約92%。鎌倉の大仏は約69%です。

最近の成分分析から、中国銭(宋・南宋・元)を溶かして鋳造したらしいことがわかってきました。宋銭の組成と一致したそうです。別府大学の研究であきらかにされました。

元の国は当時、紙幣の流通を奨励しました。

鎌倉の大仏から、中世の世界とのつながりもみえてきます。

やっぱり、歴史は生きています。新しい事実がこれまでの概念を覆します。

子どもたちにこの醍醐味を味わわせたい。

教科書の叙述から一歩ぬけだして、歴史家の仕事場の作業をめざしましょう。

教師の感動を授業にもちこみましょう。

ここまで仕事ができたのは、「歴史」のもつ面白さでした。
調べれば調べるほど意外な事実がみえてきて、熱中したというのが本音です。「歴史」を授業する意味はここにあります。
授業で、子どもたちが歴史を学び、未来を生きぬく「知」を育てたい。

「知」の年輪が増えれば増えるほど、考える力や生きる力は大きくなります。歴史の「知」は、混迷する現代を変革する力をはぐくむでしょう。地域の仲間や世界の人びとと豊かに共生する地球を築いていく基盤になるでしょう。

ひとりでも多くの人が授業を考えるきっかけになってくれれば幸いです。

2011年2月

千葉 保

［著者紹介］

千葉 保（ちば・たもつ）
1945年、宮城県生まれ。神奈川県鎌倉市の小学校教員をへて、1998年より神奈川県三浦市の小学校校長をつとめる。現在、國學院大學講師。「使い捨てカメラ」「カード破産」「ハンバーガー・コネクション」の授業など、身近な題材を斬新な切り口で社会の問題へとつなぐ授業をつくりつづけてきた。主著に『授業　日本は、どこへ行く？』（授業実践）、『学校にさわやかな風が吹く』（校長としての学校づくり）、『コンビニ弁当16万キロの旅』『お金で死なないための本』（ともに児童～中学生向けイラストブック。前者は監修）など（以上、すべて小社刊）。

「ひと」BOOKS
はじまりをたどる「歴史」の授業

2011年3月15日　初版印刷
2011年4月1日　初版発行

著者……………………千葉 保
ブックデザイン………佐藤篤司
発行所 ………………株式会社太郎次郎社エディタス
東京都文京区本郷4-3-4-3F　〒113-0033
電話 03-3815-0605
FAX 03-3815-0698
http://www.tarojiro.co.jp/
電子メール tarojiro@tarojiro.co.jp
印刷・製本 …………厚徳社
定価…………………カバーに表示してあります

ISBN978-4-8118-0743-0　C0037